열정으로 가득한 초심자의 마음가짐으로,
독자님과 함께 커가는 지식의 나무가 되겠습니다. 열정 100% 씨앤톡

이것만
알면
통한다

여행
중국어

이것만 **알**면 **통**한다
여행**중국어**

초판 발행	2009년 04월 25일
초판 13쇄	2025년 02월 20일
발행인	이재현
발행처	리틀씨앤톡
등록일자	2022년 9월 23일
등록번호	제 2022-000106호
ISBN	978-89-6098-077-8 (13720)
주소	경기도 파주시 문발로 405 제2출판단지 활자마을
홈페이지	www.seentalk.co.kr
전화	02-338-0092
팩스	02-338-0097

ⓒ 2009, 씨앤톡

본 책은 저작권법에 의해 보호를 받는 저작물이므로 무단 전재와 복제를 금합니다.

머리말

가슴

설레면서도 약간의 긴장감을 주는 해외여행!
이때 긴장감을 즐거움으로 바꿔 주는 것이 간단한 몇 마디 중국어일 것입니다. 우리나라에 온 외국인들이 쇼핑하러 다니면서 능숙한 회화는 아닐지라도 "깎아 주세요.", "감사합니다.", "맛있어요." 같은 말을 하면 왠지 마음이 흐뭇해지지요?

중국

사람도 마찬가지일 것입니다. 외국사람 입에서 어눌하지만 자기들의 말로 한 마디씩 하는 인사는 금방 친근감을 느끼게 할 거예요. 이처럼 일상회화를 전혀 못해도 간편하게 사용할 수 있는 몇 마디는 즐거운 여행을 위한 윤활유 역할을 해 줍니다.

본

여행회화는 비행기 탑승에서 귀국길에 오르는 순간까지 해외여행에서 부딪치게 되는 다양한 상황을 예상해 꼭 필요한 말들을 모아두었습니다.
비행기 안에서 또는 이동하는 짬짬이 써먹어 보고 싶은 표현을 익혀 두면 해외여행을 즐겁게 하는 데에 많은 도움이 될 것이라 생각됩니다.
아무쪼록 자그마한 이 한 권의 여행회화 책이 든든한 중국여행 동반자가 되기를 바랍니다.

— 편집부 —

출발 전 준비 ········· 08
중국 돈 ········· 10
중국의 성과 주요 도시 ········· 12
중국은? ········· 14
중국어는? ········· 16

1 여행 기본 표현   18

인사표현 ········· 20
소개 ········· 22
감사 · 사과 ········· 24
부탁 ········· 26
질문 ········· 28
기타 ········· 31

2 기내에서   32

기내 필수 표현 ········· 34
기내 서비스 요청 ········· 35
식사와 음료 ········· 36
입국신고서 ········· 37
불편 호소 ········· 38
상황별 주요 단어 ········· 40

3 공항에서   42

중국 공항 – 입국절차 ········· 44
공항 필수 표현 ········· 46
입국심사 ········· 47
세관심사 ········· 48
환전 ········· 49

상황별 주요 단어 ·· 50

4 교통 이용   52

중국의 교통 ·· 54
교통 필수 표현 ·· 56
버스 ··· 58
지하철 ·· 60
택시 ··· 62
장거리 버스 ·· 64
기차 ··· 66
비행기 ·· 70
비행기 탑승 수속 ···································· 73
배 ··· 74
상황별 주요 단어 ···································· 76

5 음식 즐기기   78

중국 요리 ·· 80
식당 필수 표현 ·· 86
식당에서 ··· 88
초대에 응해 식사할 때 ····························· 90
혼자 간단한 식사를 할 때 ······················· 92
패스트푸드 점에서 ·································· 94
술집에서 ··· 96
상황별 주요 단어 ···································· 98

6 숙박 이용   100

중국의 숙박 시설 ···································· 102
숙박 필수 표현 ·· 104

호텔 찾아가기 ····· 106
예약한 호텔 체크인 ····· 108
예약 안 한 호텔 체크인 ····· 110
룸서비스 요청 ····· 112
세탁의뢰 ····· 114
아침식사 (조식 포함시) ····· 116
아침식사 (조식 불포함시) ····· 117
체크아웃 ····· 118
상황별 주요 단어 ····· 120

7 현지 관광 122

관광 필수표현 ····· 124
여행자료 요청 ····· 126
혼자 여행할 때 ····· 127
소재지를 물을 때 ····· 128
길을 잃었을 때 ····· 129
단체 여행 합류 ····· 130
박물관 ····· 132
극장 관람 ····· 134
사진촬영 ····· 136

8 쇼핑 즐기기 138

쇼핑의 기초 지식 ····· 140
쇼핑 필수표현 ····· 142
백화점에서 ····· 144
시장에서 ····· 145
가격 흥정 ····· 146
교환 환불 ····· 148
기타 표현 ····· 150
상황별 주요 단어 ····· 152

9 공공시설 이용   154

전화, 우체국 이용 ······ 156
공시설 이용 필수 표현 ······ 158
전화 이용 ······ 159
호텔룸에서 국제전화 ······ 162
수신자 부담 전화 ······ 164
팩스 ······ 168
은행 이용 ······ 170
우체국 이용 ······ 174
병원이용 ······ 178

10 트러블 대처   184

여행 중에 자주 일어나는 트러블과 대책 ······ 186
러블 필수표현 ······ 188
짐 분실 ······ 190
여권 분실 ······ 192
물건 도난 ······ 194

11 귀국   198

귀국편 예약 ······ 200
출국 수속 ······ 203

12 찾아보기   204

숫자와 날짜 기본 단어 ······ 206
한중 소사전 ······ 210

출발 전 준비

여권

여권은 외국에서 그 사람의 국적과 신분을 증명할 수 있는 신분증입니다.

❶ 복수여권
특별한 사유가 없는 한 5년 동안 횟수에 제한 없이 외국에 나가는것이 가능합니다.

❷ 단수여권
한 번만 외국에 나갈 수 있는 여권으로 유효기간은 1년입니다.

여권 발급시 필요한 준비물
여권 발급 신청서 1부, 신분증, 사진 1-2장

비용 및 절차 참고 사이트
http://www.0404.go.kr/

비자

여권이 한국에서 발행하는 신분증이라면 비자는 방문할 나라에서 발행하는 입국허가증이라고 볼 수 있습니다. 중국 비자는 방문 목적에 따라 관광(L), 상용(F), 유학생(X), 취업(Z)비자로 나뉘는데 관광비자는 일반적으로 30일까지 체류 가능합니다.

비자 신청시 필요한 준비물
여권(6개월 이상 남은 것), 비자신청서, 여권용 사진 1장
주민등록증 사본

관광 비자 신청 비용은 3만 5천원인데 여행사를 통해야만 발급받을 수 있으므로 수수료 1-2만원 정도가 추가됩니다.

여행 준비물 리스트

- 여권, 항공권
- 신용카드, 현금, 여행자 수표 등 여비
- 여권 복사본, 여권용 사진 4장
- 필기도구, 가이드북
- 우산, 편한 신발, 갈아입을 옷
- 세면도구, 비상약, 커피믹스, 화장품, 머리빗 등

출발~공항까지

국제선 비행기를 타려면 적어도 2시간 전에 공항에 도착하는 것이 좋습니다. 서울에서 인천 국제공항까지 버스 이용은 아래 사이트를 참고하세요.

인천 국제공항

공항 종합 안내 1577-2600
http://www.airport.kr/

공항 리무진 (02) 2664-9898
http://www.airportlimousine.co.kr/

대한항공 KAL 리무진 (02) 2667-0386
http://www.kallimousine.com/

중국 돈

중국의 화폐인 런민삐人民币는 100위엔元, 50위엔, 10위엔, 5위엔, 1위엔, 5지아오角, 2지아오, 1지아오, 5펀分, 2펀, 1펀 등이며, 이중에서 동전은 1위엔, 5지아오, 1지아오, 5펀, 2펀, 1펀입니다. 1위엔, 1지아오, 5지아오 등은 지폐와 동전이 혼용되고 있습니다.

100위엔 yìbǎi yuán
100元 이바이위엔

50위엔 wǔshí yuán
50元 우스위엔

20위엔 èrshí yuán
20元 얼스위엔

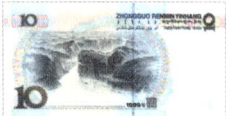

10위엔 shí yuán
10元 스위엔

5위엔 wǔ yuán
5元 우위엔

1위엔 yī yuán
1元 이위엔

5지아오 wǔ jiǎo
5角 우지아오

1지아오 yī jiǎo
1角 이지아오

동전 tóngbì
铜币 통삐

알고 갑시다

중국의 성과 주요 도시

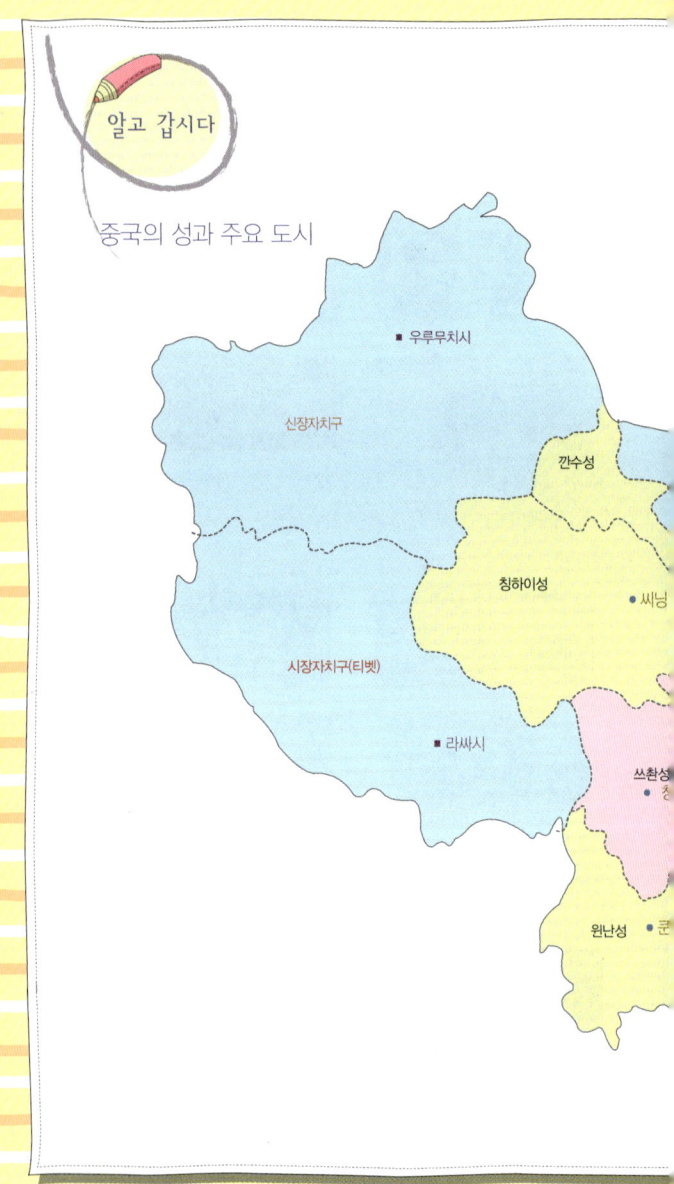

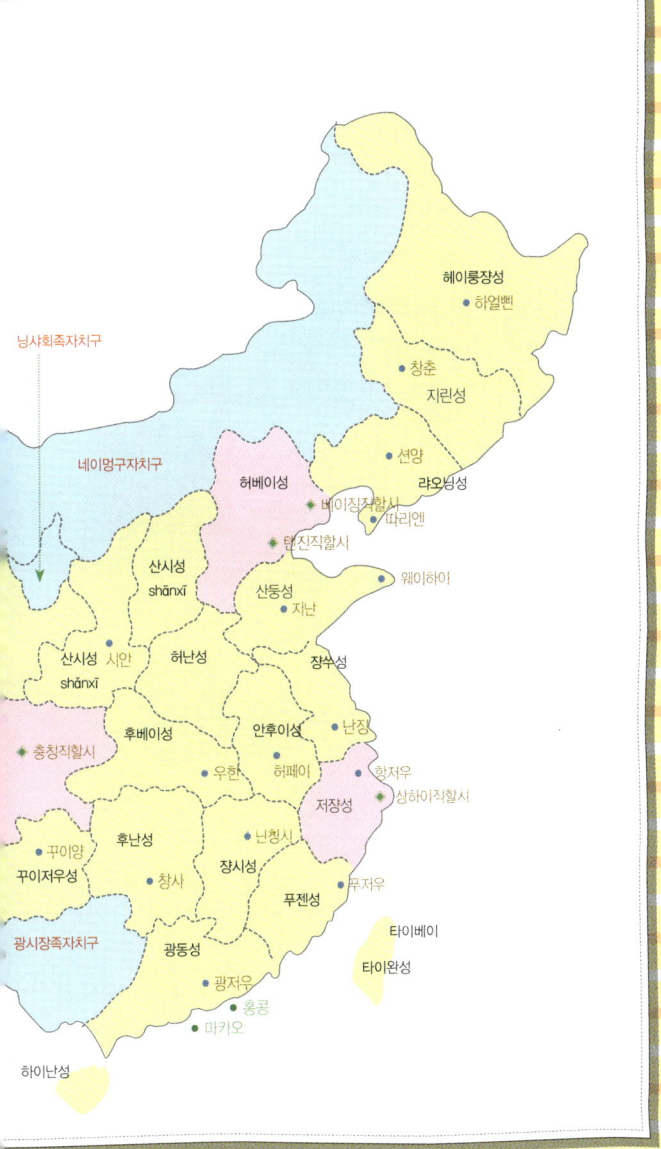

알고 갑시다

중국은?

국가명	중화 인민 공화국 中国人民共和国, 약칭 중국 中国
건국일	1949년 10월 01일
국기	오성홍기 – 큰 별은 중국 공산당, 작은 별은 4개 계급(농민, 노동자, 소자산계급 및 민족자산계급)을 의미하고, 또 바탕의 붉은 색은 혁명을, 별의 노란색은 사회주의의 밝은 미래를 의미한다고 함.

수도	베이징
국화	모란
면적	959.7만㎢ (한반도의 43배, 한국의 97배)
인구	약 13억
민족	한족과 55개의 소수민족. 소수민족은 1억 643만 명으로 총인구의 8.41%를 차지함.
수도	베이징 北京
주요도시	티엔진, 상하이, 선양, 난징, 광쩌우, 충칭
화폐	인민폐 RMB – 환전은 은행, 호텔, 공항 환전소에서 가능함
전압	220V

시차	한국 표준시차 보다 1시간 늦음 (예 : 한국 8시, 중국 7시)
비상전화	경찰신고 110, 화재 신고 119, 긴급구조 120 구급차 114, 날씨 121
행정구역	현재 중국은 23개의 성, 5개의 자치구, 4개의 직할시, 2개의 특별 행정구가 있음.
정치 및 행정	중국은 헌법상 노동자 계급이 주도하는 인민민주주의 사회주의 국가임. 정치권력은 당과 정으로 분리되며, 형식적으론 분리되어 있지만, 실제로 대부분의 주요 사항에 대해서는 당, 특히 중앙정치국 상임위원회가 결정하며, 의사 결정 수행을 위한 입법, 행정기능을 맡고 있음.
공휴일	최대의 명절은 음력 정월 초하루의 춘절(구정)이고, 춘절 다음으로 대대적인 것은 10월 1일의 국경절임.
기후	대부분의 지역이 온대와 아열대에 위치해 있고 북부 일부 지역은 한대에 가까우며 남부 일부지역은 열대기후.
싱징 동물	팬더

알고 갑시다

중국어는?

1. 한위 汉语

중국은 한족과 55개의 소수 민족으로 이루어져 있습니다. 한족이 총 인구의 94%를 차지하며, 가장 많은 한족의 언어 한위 汉语를 중국어 혹은 보통화 普通话라고 합니다.

2. 간체자 简体字란?

중국어는 한자를 사용하는데 한자 표기에는 간체자와 번체자가 있습니다.
간체자는 필획이 복잡한 번체자를 간략화한 것으로 1956년 시행된 '한자 간화 방안'에 의해 현재 중국 본토에서 사용되고 있고, 한국, 대만은 번체자를 사용하고 있습니다.

3. 중국어의 발음 기호

중국은 1958년 알파벳의 26개 자모를 사용하여 한자를 읽을 수 있는 발음 표기법을 공포하였습니다. 이를 '한어병음자모 汉语拼音字母'라고 합니다. 알파벳으로 표기하지만 영어 발음법과는 차이가 있습니다.

4. 중국어 음절은?

중국어의 음절은 성모, 운모, 성조로 이루어져 있습니다.
성모는 우리말의 자음에 해당하며 모두 21개가 있고, 운모는 성모를 제외한 나머지 부분을 말하며 모두 36개로 이루어져 있습니다. 성조는 제1성 ~ 제4성, 경성으로 이루어져 있고, 음의 고저를 이용하여 의미를 구별합니다.

∨ 중국어 성조는?

중국어에는 모든 글자 마다 높낮이가 있습니다. 이런 소리의 높낮이를 성조라고 합니다.

제1성 높은 음을 길게 끌면서 내는 소리입니다.
제2성 중간 음에서 높은음으로 끌어올리며 내는 소리입니다.
제3성 약간 낮은 음에서 시작하여 낮은음까지 내려갔다가 다시 조금 올리는 소리입니다.
제4성 높은음에서 낮은 음으로 빨리 끌어내리는 소리입니다.

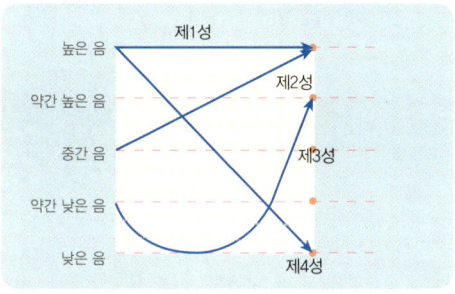

1

- 인사 표현
- 소개
- 감사·사과
- 부탁
- 질문
- 기타

여행 필수 표현

※ 여행을 하면서 꼭 필요한 인삿말, 자기 이름 소개, 감사와 미안함 표시 등의 기본 인사표현과 많이 쓰이는 질문 위주로 모아두었습니다. 여행에서 꼭 써보게 될 표현이므로 여행 전에 미리 살짝 읽어보세요.

POINT

1 인사표현

■ 안녕하세요!

你好! (您好!)
Nǐ hǎo! (Nín hǎo!)
니 하오 (닌 하오)

■ 여러분 안녕하세요!

大家好!
Dàjiā hǎo!
따지아 하오

■ 좋은 아침(저녁)입니다.

早上(晚上)好!
Zǎoshang (wǎnshang) hǎo!
자오샹 (완샹) 하오

■ 좋은 오후입니다.

午安!
Wǔ ān!
우 안

■ 안녕히 주무세요.

晚安!
Wǎn ān!
완 안

- **오래간만입니다.**
    好久不见了。
    Hǎo jiǔ bújiàn le.
    하오지우 부지엔 러

- **건강하세요?**
    你身体好吗?
    Nǐ shēntǐ hǎo ma?
    니 션티 하오 마

- **요즘 어떠세요?**
    最近怎么样?
    Zuìjìn zěnmeyàng?
    쭈이찐 전머양

- **일이 바쁘세요?**
    工作忙吗?
    Gōngzuò máng ma?
    꽁쭈어 망 마

- **그런대로 괜찮습니다.**
    还可以。 / 还好。
    Hái kěyǐ. / Hái hǎo.
    하이 커이 / 하이 하오

21

2 소개

■ 어느 나라 사람이세요?

你是哪国人?
Nǐ shì nǎ guó rén?
니 스 나구어 런

■ 성이 어떻게 되시지요?

您贵姓?
Nín guì xìng?
닌 꾸이 씽

■ 이름이 어떻게 되지요?

你叫什么名字?
Nǐ jiào shénme míngzi?
니 찌아오 션머 밍쯔

■ 저는 한국인이며, 이름은 김대한입니다.

我是韩国人，名字叫金大韩。
Wǒ shì Hánguó rén, míngzi jiào Jīn Dàhán.
워 스 한구어런   밍쯔 찌아오 찐따한

■ 제 성은 김이고, 이름은 대한입니다.

我姓金, 名字叫大韩。
Wǒ xìng Jīn, míngzi jiào Dàhán.
워 씽 찐   밍쯔 찌아오 따한

- 이분은 Mr.박(Miss.리)입니다.

    这位是朴先生(李小姐)。
    Zhèwèi shì Piáo xiānsheng (Lǐ xiǎojie).
    쩌웨이 스 피아오 씨엔셩 (리 시아오지에)

- 당신을 알게 되어 매우 기쁩니다.

    认识你很高兴。
    Rènshi nǐ hěn gāoxìng.
    런스 니 헌 까오 씽

- 만나고 싶었습니다.

    我以前一直想见你。
    Wǒ yǐqián yìzhí xiǎng jiàn nǐ.
    워 이치엔 이즈 시앙 찌엔 니

- 제 명함입니다.

    这是我的名片。
    Zhè shì wǒ de míngpiàn.
    쩌 스 워 더 밍피엔

- 처음 뵙겠습니다. 잘 부탁드립니다.

    初次见面, 请多多关照
    Chūcì jiànmiàn, qǐng duōduo guānzhào.
    츄츠 찌엔미엔, 칭 뚜어뚜어 꾸안쨔오

기본표현 | 기내 | 공항 | 교통 | 식당 | 숙박 | 관광 | 쇼핑 | 공공시설 | 트러블 | 귀국 | 찾아보기

3 감사·사과

■ **고맙습니다!**

谢谢! / 谢谢您!
Xièxie! / Xièxie nín!
씨에씨에 / 씨에씨에 닌

■ **당신의 호의에 감사드립니다.**

谢谢你的好意。
Xièxie nǐ de hǎoyì.
씨에씨에 니 더 하오이

■ **어떻게 감사해야 할지 모르겠네요.**

不知怎么感谢您。
Bùzhī zěnme gǎnxiè nín.
뿌즈 전머 깐씨에 닌

■ **정말 폐를 끼쳐드렸네요.**

真打扰您了。
Zhēn dǎrǎo nín le.
쩐 다라오 닌 러

■ **별말씀을요.**

不客气。 / 不用。(没什么 / 没事儿)。
Bú kèqi. / Búyòng. (Méishénme. / Méishìr.)
부 커치 / 부용 (메이션머 / 메이셜)

■ 미안합니다.

> 对不起。
> Duìbuqǐ.
> 뚜이부치

■ 부디 양해해 주십시오.

> 请原谅。
> Qǐng yuánliàng.
> 칭 위엔량

■ 미안합니다, 당신을 오래 기다리게 했습니다.

> 对不起, 让您久等了。
> Duìbuqǐ, ràng nín jiǔ děng le.
> 뚜이부치, 랑 닌 지우 덩 러

■ 폐를 끼쳐서 죄송합니다.

> 给你添麻烦了, 对不起。
> Gěi nǐ tiān máfan le, duìbuqǐ
> 게이 니 티엔 마판 러, 뚜이부치

■ 괜찮습니다.

> 没关系。
> Méi guānxi.
> 메이꾸안시

4 부탁

- **부탁 좀 드립니다.**

  拜托一下。
  Bàituō yíxià.
  빠이투어 이시아

- **수고하십니다! 중국은행에 어떻게 가지요?**

  劳驾! 去中国银行怎么走?
  Láojià!　　Qù Zhōngguó yínháng zěnme zǒu?
  라오지아! 취 쭝구어 인항 전머 저우

- **말씀 좀 여쭙겠습니다. 어디에서 버스를 탑니까?**

  请问, 在哪儿坐公共汽车?
  Qǐngwèn, zài nǎr zuò gōnggòngqìchē?
  칭원,　짜이 나알 쭈어 꽁꽁치쳐

- **좀 천천히 말씀해 주실래요.**

  请您说慢一点儿。
  Qǐng nín shuō màn yìdiǎnr.
  칭 닌 슈어 만 이디얼

- **좀 써 주실 수 있나요?**

  请您写一下, 好吗?
  Qǐng nín xiě yíxià, hǎo ma?
  칭 닌 시에 이시아, 하오 마

- 들어오세요.

    请进。
    Qǐng jìn.
    칭 찐

- 앉으세요.

    请坐。
    Qǐng zuò.
    칭 쭈어

- 드세요.

    请吃。
    Qǐng chī.
    칭 츠

- 사양하지 마세요.

    请您不要客气。
    Qǐng nín bú yào kèqi.
    칭 닌 부 야오 커치

- 잠시만 기다려주세요.

    请您等一下。
    Qǐng nín děng yíxià.
    칭 닌 덩 이시아

5 질문

■ 여기에 앉아도 됩니까?

这儿可以坐吗?
Zhèr kěyǐ zuò ma?
쩔　커이　쭈어　마

■ 여기서 사진 찍어도 됩니까?

这儿可以照相吗?
Zhèr kěyǐ zhàoxiàng ma?
쩔　커이　쨔오씨앙　마

■ 신용카드를 이용할 수 있습니까?

可不可以用信用卡?
Kě bu kěyǐ yòng xìnyòngkǎ?
커부커이　용　씬용카

■ 전화 좀 빌려 써도 될까요?

可以借电话用一下吗?
Kěyǐ jiè diànhuà yòng yíxià ma?
커이 찌에 띠엔화 용 이시아 마

■ (빈)방이 있습니까?

有(空)房间吗?
Yǒu (kōng) fángjiān ma?
여우 (쿵) 팡지엔 마

- **좀 더 큰 것이 있습니까?**

    有没有再大一点的?
    Yǒu méiyǒu zài dà yìdiǎn de?
    여우 메이여우 짜이 따 이디엔 더

- **이 자리에 사람이 있습니까?**

    这个位子有没有人?
    Zhè ge wèizi yǒu méiyǒu rén?
    쩌 거 웨이즈 여우 메이여우 런

- **오늘 저녁에 시간 있으세요?**

    今天晚上您有空儿吗?
    Jīntiān wǎnshang nín yǒu kòngr ma?
    진티엔 완샹 닌 여우 콜 마

- **얼마입니까?**

    多少钱?
    Duōshao qián?
    뚜어샤오 치엔

- **공항까지 얼마나 멉니까?**

    到机场多远?
    Dào jīchǎng duōyuǎn?
    따오 지챵 뚜어위엔

- **어떻게 하지요?**

    怎么办?
    Zěnme bàn?
    전머 빤

- **전철역에 어떻게 갑니까?**

    去地铁站怎么走?
    Qù dìtiězhàn zěnme zǒu?
    취 띠티에짠 전머 저우

- **이 글자는 어떻게 읽나요?**

    这个字怎么念?
    Zhè ge zì zěnme niàn?
    쩌 거 쯔 전머 니엔

- **그 곳은 어떻습니까?**

    那儿怎么样?
    Nàr zěnmeyàng?
    날   전머양

6 기타

■ **너무 좋습니다!**

太好了!
Tài hǎo le!
타이 하오 러

■ **충분합니다.**

够了, 够了。
Gòu le, gòu le.
꺼우 러 꺼우 러

■ **별말씀을요.**

哪里, 哪里。
Nǎli, nǎli.
나리, 나리

■ **과찬이십니다.**

不敢当。/ 过奖, 过奖。
Bùgǎndāng. / Guòjiǎng, guòjiǎng.
뿌간땅   / 꾸어지앙, 꾸어지앙

■ **오늘 저녁 즐거웠습니다.**

今晚过得很愉快!
Jīnwǎn guòde hěn yúkuài!
진완 꾸어더 헌 위콰이

2

기내 필수 표현

기내 서비스 요청

식사와 음료

입국신고서

불편 호소

상황별 주요 단어

기내에서

※ 드디어 중국으로 출발합니다. 두근거리는 마음과 약간의 긴장이 중국여행을 더욱 설레게 하는데요. 여기서는 중국어를 제일 먼저 써먹을 수 있는 기내 표현을 알려드립니다.

기내 필수표현

_____ 주세요.

칭 게이 워
请给我_____。
Qǐng gěi wǒ!

□ 콜라 **컬러**	□ 주스 **구어즈**	□ 커피 **카페이**
可乐 kělè	果汁 guǒzhī	咖啡 kāfēi
□ 생수 **쾅취엔쉐이**	□ 담요 **뻬이즈**	□ 맥주 **피지우**
矿泉水 kuàngquánshuǐ	被子 bèizi	啤酒 píjiǔ
□ 신문 **빠오즈**	□ 물수건 **스마오진**	□ 이어폰 **얼지**
报纸 bàozhǐ	湿毛巾 shīmáojīn	耳机 ěrjī

1 기내 서비스 요청

■ 제 좌석이 어디입니까?

请告诉我我的座位在哪儿?
Qǐng gàosu wǒ wǒ de zuòwèi zài nǎr?
칭 까오쑤 워 워 더 쭈어웨이 짜이 날

■ 손님 좌석은 우측복도편의 좌석입니다.

您的位子是右边靠过道的座位。
Nín de wèizi shì yòubiān kào guòdào de zuòwèi.
닌 더 웨이즈 스 여우삐엔 카오 꾸어따오 더 쭈어웨이

■ 실례지만, 화장실이 어딥니까?

请问, 洗手间在哪儿?
Qǐngwèn, xǐshǒujiān zài nǎr?
칭원,   시셔우지엔 짜이 나알

■ 한국신문 한 부만 주세요.

请给我一份韩文报。
Qǐng gěi wǒ yífèn Hánwén bào.
칭 게이 워 이펀 한원 빠오

■ 콜라 주세요.

请给我可乐。
Qǐng gěi wǒ kělè.
칭 게이 워 컬러

2 식사와 음료

■ 무슨 음식이 있습니까?

有什么菜?
Yǒu shénme cài?
여우 션머 차이

■ 실례지만, 탁자 좀 내려주세요.

麻烦您, 把桌子放下来。
Máfan nín, bǎ zhuōzi fàngxiàlai.
마판 닌 바 쮜어즈 팡씨아라이

■ 어떤 음료가 있나요?

有什么饮料?
Yǒu shénme yǐnliào?
여우 션머 인리아오

■ 주스 주세요.

请给我果汁。
Qǐng gěi wǒ guǒzhī.
칭 게이 워 구어즈

■ 물 한 잔 주세요.

请给我一杯水。
Qǐng gěi wǒ yì bēi shuǐ.
칭 게이 워 이 뻬이 쉐이

3 입국신고서

■ 입국신고서를 작성하십시오.

请您填写这张入境登记卡。
Qǐng nín tián xiě zhè zhāng rùjìng dēngjìkǎ.
칭 닌 티엔 씨에 쩌 쨩 루징 떵지카

■ 말씀 좀 여쭐께요. 이건 어떻게 씁니까?

请问, 这个怎么写?
Qǐngwèn, zhè ge zěnme xiě?
칭원,　쩌 거 전머 씨에

■ 비자번호를 쓰세요.

请写签证号码。
Qǐng xiě qiānzhèng hàomǎ.
칭 씨에 치엔쩡 하오마

■ 다시 한 장 주십시오.

请再给我一张吧。
Qǐng zài gěi wǒ yì zhāng ba.
칭 짜이 게이 워 이 쨩 바

■ 이렇게 쓰면 맞나요?

这样写对吗?
Zhèyàng xiě duì ma?
쩌양 씨에 뚜이 마

4 불편 호소

■ 아가씨, 제 몸이 좀 안 좋습니다.

小姐，我身体不舒服。
Xiǎojie, wǒ shēntǐ bù shūfu.
시아오지에, 워 션티 뿌 슈푸

■ 열이 납니다. 두통약 있습니까?

发烧。有头痛药吗?
Fāshāo. Yǒu tóutòngyào ma?
파샤오. 여우 터우텅야오 마

■ 배가 아픕니다. 소화제 있습니까?

肚子疼。有消化剂吗?
Dùzi téng. Yǒu xiāohuàjì ma?
뚜즈텅. 여우 씨아오화지 마

■ 비행기 멀미 같아요.

好像晕机。
Hǎoxiàng yùnjī.
하오씨앙 윈지

■ 구토 봉투 있습니까?

有卫生袋吗?
Yǒu wèishēngdài ma?
여우 웨이셩따이 마

■ 소독약 있습니까?

> 有消毒水吗?
> Yǒu xiāodúshuǐ ma?
> 여우 씨아오두쉐이 마

■ 벤 상처에 바를 연고가 있습니까?

> 有涂在伤口上的软膏吗?
> Yǒu tú zài shāngkǒu shàng de ruǎngāo ma?
> 여우 투 짜이 샹커우 샹 더 루안까오 마

■ 좀 나아지셨어요?

> 好一点儿吗?
> Hǎo yìdiǎnr ma?
> 하오 이디얼 마

■ 많이 좋아졌습니다.

> 好多了。
> Hǎo duō le.
> 하오 뚜어 러

상황별 주요 단어

좌석

좌석	쭈어웨이	座位
안전벨트	안취엔따이	安全带
창가쪽	카오진 츄앙커우	靠近窗口
통로쪽	카오진 꾸어따오	靠近过道
테이블	찬쮸어	餐桌

음식

음식	스우	食物
기내식	지내이찬	机内餐
스테이크	니우파이	牛排
샐러드	샤라	沙拉
샌드위치	싼밍즈	三明治
안주	지우차이	酒菜

음료

음료	인리아오	饮料
물	쉐이	水
주스	구어즈	果汁
커피	카페이	咖啡
녹차	뤼차	绿茶

홍차	홍차	红茶
콜라	컬러	可乐
사이다	치쉐이	汽水
맥주	피지우	啤酒

편의시설

전화기	띠엔화	电话
화장실	시셔우지엔	洗手间
이어폰	얼지	耳机

신고서

입국카드	루징 떵지카	入境登记卡
세관신고서	션빠오딴	申报单
펜	비	笔
이름	밍즈	名字
성	씽	姓
국적	구어지	国籍
여권번호	후쨔오 하오마	护照号码
항공편명	항빤하오	航班号
출발지	츄파띠	出发地
방문목적	루징 무띠	入境目的

3

공항 필수 표현

입국 심사

세관 검사

환전

상황별 주요 단어

공항에서

드디어 중국 땅에 도착합니다. 공항에 도착하자 마자 입국심사와 세관검사 등 몇 가지 심사를 통과해야 하는데요. 이때 어떤 말이 필요한지 확인해 보세요.

알고 갑시다

중국 공항 – 입국절차

검역

중국으로 들어가는 비행기나 배 안에서 나눠주는 검역신고서를 작성해 두었다가 제출만 하면 되므로 아주 간단합니다.

입국심사

검역이 끝나면 바로 입국심사장으로 가는데 여러 개의 입국심사대 중에서 외국인外国人이라고 표시되어 있는 입국심사대로 갑니다. 입국카드와 비자가 든 여권을 직원에게 제시하면 입국날짜가 찍힌 도장을 찍고 돌려주는데 입국카드와 입국신고서는 기내에서 나눠주므로 미리 작성해 두면 됩니다.

짐 찾기

입국심사를 마치고 짐 찾는 곳으로 가서 자신이 타고 온 배나 비행기의 편명이 적힌 턴테이블(传送带chuánsòngdài 츄안쑹따이)에서 기다리면 수화물이 나옵니다. 이때 여행 가방이 비슷한 경우 바뀔 염려가 있으니 미리 자신의 짐임을 확인할 수 있는 표시를 해두는 것이 좋습니다. 국제선인 경우 짐이 많고 턴테이블의 흐름이 빠르지 않으므로 시간이 꽤 걸릴 수도 있으니 주의합시다.

세관

짐을 다 찾으면 세관 카운터에 가서 직원에게 짐과 여권, 비행기에서 작성해 두었던 세관신고서(申报单 shēnbàodān 선빠오딴)를 보여 줍니다. 일반관광이면 검사 없이 그대로 통과하는 경우가 많고  혹시 질문을 한다면 신고할 것이 있는가와 식료품을 가지고 있는가 등입니다.

신고할 것이 있거나 커다란 화물을 가지고 있으면 화물검사를 받는데, 만일 과세 대상이 있으면, 비행기 안에서 받은 세관신고서에 상세히 기입해야 합니다. 그것을 보고 세관의 직원이 신고서에 세액을 적고 스탬프를 찍어서 돌려주면 세관 뒤쪽에 있는 납세 카운터에 가서 세금을 납부합니다. 세관신고 때 짐을 열어 보는 경우는 거의 없지만, 만약 과세대상이 있는데도 신고를 하지 않았다가 적발되면 압류당하거나 무거운 벌금을 물게 될 수도 있습니다.

공항필수표현

입국목적은 _____ 입니다.

워 라이더 무띠 스
我来的目的是 _____
Wǒ lái de mùdì shì

□ 유학 리우쉐 留学 liúxué	□ 관광 꾸안꽝 观光 guānguāng	□ 비즈니스 꽁주어 工作 gōngzuò
□ 친척방문 탄친 探亲 tānqīn	□ 여행 뤼싱 旅行 lǚxíng	□ 중국어공부 쉐한위 学汉语 xué Hànyǔ

1 입국심사

■ 여권을 제시하십시오.

请出示护照。
Qǐng chūshì hùzhào.
칭 츄스 후쨔오

■ 입국 목적이 무엇입니까?

入境目的是什么?
Rùjìng mùdì shì shénme?
루징 무띠 스 션머

■ 관광입니다.

观光。
Guānguāng.
꾸안꽝

■ 중국에서 일주일 머무를 겁니다.

在中国逗留一个星期。
Zài Zhōngguó dòuliú yí ge xīngqī.
짜이 쭝구어 떠우리우 이 거 씽치

■ 베이징 중국호텔에서 묵습니다.

我住在北京中国大饭店。
Wǒ zhùzài Běijīng Zhōngguó dàfàndiàn.
워 쭈짜이 베이징 쭝구어 따판띠엔

2 세관심사

■ 어디에서 오셨습니까?

请问，您从哪儿来?
Qǐngwèn, nín cóng nǎr lái?
칭원, 닌 총 나알 라이

■ 한국에서 왔습니다.

从韩国来。
Cóng Hánguó lái.
총 한구어 라이

■ 신고할 물건 있습니까?

有没有申报的东西?
Yǒu méiyǒu shēnbào de dōngxi?
여우 메이여우 션빠오 더 똥시

■ 이건 무엇입니까?

这是什么?
Zhè shì shénme?
쩌 스 션머

■ 한국 담배인데, 중국 친구에게 줄 선물입니다.

这是韩国香烟，送给中国朋友的礼物。
Zhè shì Hánguó xiāngyān, sònggěi Zhōngguó péngyou de lǐwù.
쩌 스 한구어 씨앙옌, 쏭게이 쭝구어 펑여우 더 리우

3 환전

■ 환전하려고 합니다.

我想换钱。
Wǒ xiǎng huànqián.
워 시앙 환치엔

■ 얼마나 바꾸시려고요?

要换多少钱?
Yào huàn duōshao qián?
야오 환 뚜어샤오 치엔

■ 100달러를 바꾸려고 합니다.

要换一百美元。
Yào huàn yì bǎi měiyuán.
야오 환 이 바이 메이위엔

■ 이 표를 작성해 주세요.

请您填这张表。
Qǐng nín tián zhè zhāng biǎo.
칭 닌 디엔 쩌 짱 비아오

■ 이렇게 하면 됩니까?

这样好了吗?
Zhèyàng hǎo le ma?
쩌양 하오 러 마

상황별 주요 단어

입국 심사

입국카드	루징 떵지카	入境登记卡
여권	후쨔오	护照
방문목적	루징 무띠	入境目的
관광	꾸안꽝	观光
여행	뤼씽	旅行
비즈니스	꽁쭈어	工作
유학	리우쉐	留学
회사원	꽁쓰 즈위엔	公司职员
학생	쉐셩	学生

짐찾기

짐	씽리	行李
항공편명	항빤하오	航班号

세관

신고	션빠오	申报
면세품	미엔쉐이핀	免税品
담배	씨앙옌	香烟
술	지우	酒

향수	시앙쉐이	香水
화장품	화쮸앙핀	化妆品

환전

환전	환치엔	换钱
한국돈	한삐	韩币
중국돈	런민삐	人民币
달러	메이위엔	美元
100위엔	이바이위엔	一百元(人民币)
1000위엔	이치엔위엔	一千元(人民币)
10000위엔	이완위엔	一万元(人民币)

도심 이용

공항버스	지창 빠스	机场巴士
택시	츄주처	出租车
전철	띠티에	地铁
정류소	꽁처짠	公车站
매표소	셔우피아오츄	售票处
표	피아오	票

4

교통 필수 표현

버스

지하철

택시

장거리 버스

기차

비행기

비행기 탑승 수속

배

상황별 주요 단어

교통 이용

본격적인 여행이 시작되었습니다.
어디를 가기 위해서는 여러 가지
교통기관을 이용해야 하는데요.
교통기관들을 이용할 때는 어떠한
말들을 써야 하는지 알아봅시다.

알고 갑시다

중국의 교통

시내버스

중국에서 가장 편리하게 이용할 수 있는 교통수단입니다. 우리와 같은 모양의 버스가 가장 많고 차량 두 대를 연결시킨 주름버스, 이층버스, 전선줄로 운행되는 트롤리버스가 있습니다. 버스요금은 일반적으로 구간마다 차이가 있고 버스의 종류에 따라 기본요금이 다른데 대략 1~2.5위엔 정도 합니다.

지하철

현재 베이징이나 상하이 같은 대도시에서만 개통이 되고 있습니다. 배차 간격은 5분 정도인데 공사 중인 구간이 많아 서울만큼 편리한 교통수단은 아니지만 각 지하철 역마다 연결 버스가 많고 교통체증과 무관하므로 출퇴근 시간에는 사람들이 많이 몰립니다.

택시

중국 택시는 지역마다 요금이 각각 다르고 같은 지역이라도 택시의 등급에 따라 다릅니다. 일반적으로 택시의 Km당 요금은 승차하는 문에 부착되어 있는데 대도시인 경우 기본 거리 3-4Km당 10~12위엔 정도입니다. 요금은 원래 미터제이지만 장거리인 경우 요금 교섭을 해 보는 것도 좋습니다. 택시를 타면 미터기로 계산이 되는지 꼭 확인하고, 영수증을 받고 내리는 것이 좋습니다.

기차편

기차는 중장거리 여행을 할 때 가장 많이 이용하는 교통수단입니다. 종류에 따라 가격과 소요시간이 천차만별인데 속도가 가장 빠르고 비싼 터콰이(特快)부터 즈콰이(直快), 콰이커(快客) 순으로 있습니다. 좌석은 루안워(軟臥 - 폭신한 침대칸)가 가장 비싸고 그 다음으로는 잉워(硬臥 - 딱딱한 침대칸), 루안쭈오(軟座 - 폭신한 좌석칸), 잉쭈오(硬座 - 딱딱한 좌석칸) 순으로 격차가 있습니다.

항공편

중국은 영토가 광대하여 국내선이 많이 발달해 있는 편입니다. 그러나 전산화가 제대로 이루어지지 않은 곳도 있어서 비행기표는 출발 전에 미리미리 재확인 해두는 것이 좋습니다. 중국민항(CA) 사무실이나 중국 여행사, 호텔 내의 여행사 등지에서 표를 예매할 수 있습니다.

장거리 버스

장거리 여행을 할 때 기차에 비해 비교적 쉽게 표를 구할 수 있어서 장거리 버스를 이용하는 경우가 생깁니다. 버스는 구형이 많고 장거리를 운행하다보니 승차감이나 편안함은 기차보다 못하지만 요즘은 점점 좋은 버스로 바뀌고 있는 편입니다. 소요시간은 명기해 있지만 여행 중 고장이 나거나 도로사정이 좋지 않아 시간이 많이 걸리는 경우가 종종 발생하기도 합니다.

교통 필수 표현

_____ 는 어디에 있습니까?

짜이 날
_____ 在哪儿?
zài nǎr!

□ 버스정류장 **꽁쳐쨘**	□ 전철역 **띠티에쨘**	□ 매표소 **셔우피아오츄**

公车站 gōngchēzhàn	地铁站 dìtiězhàn	售票处 shòupiàochù

□ 출구 **츄커우**	□ 기차역 **훠쳐쨘**	□ 공항 **페이지챵**

出口 chūkǒu	火车站 huǒchēzhàn	飞机场 fēijīchǎng

□ 공중전화 **꽁용띠엔화**	□ 에스컬레이터 **띠엔똥푸티**	□ 화장실 **시셔우지엔**

公用电话 gōngyòngdiànhuà	电动扶梯 diàndòngfútī	洗手间 xǐshǒujiān

교통 필수 표현

이 근처에 _____ 이 있습니까?

쩌 푸진 여우 메이여우
这附近有没有_____ ?
Zhè fùjìn yǒu méiyǒu

□ 식당	□ 패스트푸드점	□ 서점
찬팅	콰이찬디엔	슈디엔

餐厅 cāntīng	快餐店 kuàicāndiàn	书店 shūdiàn
□ 은행	□ 옷가게	□ 병원
인항	푸쭈앙띠엔	이위엔

银行 yínháng	服装店 fúzhuāngdiàn	医院 yīyuàn
□ 약국	□ 백화점	□ 슈퍼마켓
야오팡	바이후어샹디엔	차오스

药房 yàofáng	百货商店 bǎihuò shāngdiàn	超市 chāoshì

57

1 버스

■ 실례지만, 버스정류장이 어디입니까?

请问，公(共汽)车站在哪儿?
Qǐngwèn, gōng(gòngqì)chēzhàn zài nǎr?
칭원, 꽁(꽁치)쳐짠 짜이 나알

■ 길을 건너면 바로 정류장이에요.

过马路就是公共汽车站。
Guò mǎlù jiùshì gōnggòngqìchēzhàn.
꾸어 마루 지우스 꽁꽁치쳐짠

■ 티엔탄공원에 가려면 몇 번 버스를 타야 합니까?

到天坛公园要坐几路车?
Dào Tiāntán gōngyuán yào zuò jǐ lù chē?
따오 티엔탄 꽁위엔 야오 쭈어 지 루 쳐

■ 123번 버스를 타세요.

坐一二三路车。
Zuò yāo èr sān lù chē.
쭈어 야오 얼 싼 루 쳐

■ 이 버스 천안문 갑니까?

这路车到天安门吗?
Zhè lù chē dào Tiān'ānmén ma?
쩌 루 쳐 따오 티엔안먼 마

■ 여기서 티엔탄공원까지 얼마죠?

　　从这儿到天坛公园多少钱?
　　Cóng zhèr dào Tiāntán gōngyuán duōshao qián?
　　총 쩔 따오 티엔탄 꽁위엔 뚜어샤오 치엔

■ 여기서 얼마나 멉니까?

　　有多远?
　　Yǒu duōyuǎn?
　　여우 뚜어위엔

■ 버스를 잘못 탔어요.

　　我坐错车了。
　　Wǒ zuòcuò chē le.
　　워 쭈어추어 쳐 러

■ 어디에서 갈아탑니까?

　　在哪儿换车?
　　Zài nǎr huànchē?
　　짜이 니알 환처

■ 저는 천안문에서 내립니다.

　　我在天安门下车。
　　Wǒ zài Tiān'ānmén xiàchē.
　　워 짜이 티엔안먼 씨아쳐

2 지하철

■ 실례지만, 여기서 가장 가까운 전철역이 어딥니까?

请问, 离这儿最近的地铁站在哪儿?
Qǐngwèn, lí zhèr zuìjìn de dìtiězhàn zài nǎr?
칭원   리 쩔   쭈이찐 더 띠티에짠 짜이 나알

■ 먼저 25번 버스를 타고,

您先坐二十五路公共汽车,
Nín xiān zuò èrshíwǔlù gōnggòngqìchē,
닌 씨엔 쭈어 얼스우루 꽁꽁치쳐

■ 치엔먼거리에서 내리시면 전철역이 있습니다.

到前门大街下车就有地铁站。
Dào qiánmén dàjiē xiàchē jiù yǒu dìtiězhàn.
따오 치엔먼 따지에 씨아쳐 지우 여우 띠티에짠

■ 실례지만, 매표소가 어디입니까?

请问, 售票处在哪儿?
Qǐngwèn, shòupiàochù zài nǎr?
칭원, 셔우피아오츄 짜이 나알

■ 지하철표 한 장 주세요.

给我一张地铁票。
Gěi wǒ yì zhāng dìtiěpiào.
게이 워 이 짱 띠티에피아오

■ 치엔먼쪽으로 가는 출구가 어디입니까?

往前门的出口在哪儿?
Wǎng qiánmén de chūkǒu zài nǎr?
왕 치엔먼 더 츄커우 짜이 나알

■ 치엔먼은 몇 번째 정거장입니까?

前门是第几站?
Qiánmén shì dì jǐ zhàn?
치엔먼 스 띠 지 짠

■ 몇 정거장 더 가야 합니까?

还有几站?
Háiyǒu jǐ zhàn?
하이여우 지 짠

지하철역 출구
地铁站出口 띠티에짠 츄커우
dìtiězhàn chūkǒu

매표소
售票处 셔우피아오츄
shòupiàochù

3 택시

■ 이곳에서 차 빌리는 데 하루 얼마입니까?

在这儿包车, 多少钱一天?
Zài zhèr bāochē duōshao qián yì tiān?
짜이 쩔 빠오쳐, 뚜어샤오 치엔 이티엔

■ 택시 한 대 불러주세요.

请叫一辆出租车。
Qǐng jiào yí liàng chūzūchē.
칭 지아오 이 량 추주쳐

■ 기사님, 이곳까지 가십시다.

师傅, 请到这个地方。
Shīfu, qǐng dào zhè ge dìfang.
스푸, 칭 따오 쩌 거 띠팡

■ 번거롭겠지만, 좀 빨리 달려 주시겠어요?

麻烦你, 请尽量开快点儿, 好吗?
Máfan nǐ, qǐng jǐnliàng kāi kuàidiǎnr, hǎo ma?
마판 니, 칭 진량 카이 콰이디얼, 하오 마

■ 얼마나 걸립니까?

要多长时间?
Yào duōcháng shíjiān?
야오 뚜어챵 스지엔

■ 치엔먼까지 얼마입니까?

到前门要多少钱?
Dào qiánmén yào duōshao qián?
따오 치엔먼 야오 뚜어샤오 치엔

■ 이곳에서 좀 기다려 주세요.

请在这儿等一下。
Qǐng zài zhèr děng yíxià.
칭 짜이 쩔 덩 이씨아

■ 미터기와 요금이 다르네요.

车费跟计程表不一样。
Chēfèi gēn jìchéngbiǎo bù yíyàng.
처페이 껀 찌청비아오 뿌 이양

택시 면허증

베이징의 택시 안에는 운전사의 얼굴 사진이 들어있는 명찰이 놓여 있습니다.

택시 내부 모습

운전자와 승객 사이에 철창 같은 칸막이가 처져 있는 택시도 많이 볼 수 있습니다.

4 장거리 버스

■ 백두산 가는 장거리 버스정류장이 어디입니까?

> 到长白山长途汽车站在哪儿?
> Dào Chángbáishān chángtú qìchēzhàn zài nǎr?
> 따오 챵바이샨 챵투 치쳐짠 짜이 나알

■ 매표소가 어디입니까?

> 售票处在什么地方?
> Shòupiàochù zài shénme dìfang?
> 셔우피아오츄 짜이 션머 띠팡

■ 백두산 가는 표 한 장 주세요.

> 我要一张去长白山的。
> Wǒ yào yì zhāng qù Chángbáishān de.
> 워 야오 이 쨩 취 챵바이샨 더

■ 몇 시에 출발합니까?

> 几点出发?
> Jǐ diǎn chūfā?
> 지 디엔 츄파?

■ 몇 시간 타야 합니까?

> 要坐几个小时?
> Yào zuò jǐ ge xiǎoshí?
> 야오 쭈어 지 거 시아오스

■ 약 6시간입니다.

> 大约六个小时。
> Dàyuē liù ge xiǎoshí.
> 따위에 리우 거 시아오스

■ 차비가 얼마입니까?

> 车费多少钱?
> Chēfèi duōshao qián?
> 쳐페이 뚜어샤오 치엔

■ 다음 차는 언제 출발합니까?

> 下一趟车几点开?
> Xià yí tàng chē jǐ diǎn kāi?
> 씨아 이 탕 쳐 지 디엔 카이

■ 이 자리에 사람 있습니까?

> 这座位有人吗?
> Zhè zuòwèi yǒu rén ma?
> 쩌 쭈어웨이 여우 런 마

■ 짐은 어디에 둡니까?

> 行李应该放在哪儿?
> Xíngli yīnggāi fàng zài nǎr?
> 씽리 잉까이 팡 짜이 나알

5 기차

■ 광쩌우까지 가는 차표, 어느 창구에서 삽니까?

> 去广州的车票，在哪个窗口买?
> Qù Guǎngzhōu de chēpiào, zài nǎ ge chuāngkǒu mǎi?
> 취 광쩌우 더 쳐피아오, 짜이 나 거 츄앙커우 마이

■ 광쩌우 가는 기차표 한 장 사려고 합니다.

> 我想买一张到广州的火车票。
> Wǒ xiǎng mǎi yì zhāng dào Guǎngzhōu de huǒchē piào.
> 워 시앙 마이 이 쨩 따오 광쩌우 더 후어쳐피아오

■ 폭신한 좌석요, 아니면 딱딱한 좌석요?

> 您要软座还是硬座?
> Nín yào ruǎnzuò háishi yìngzuò?
> 닌 야오 루안쭈어 하이스 잉쭈어

■ 광쩌우 가는 딱딱한(폭신한) 좌석표 한 장 주세요.

> 请给我一张去广州的硬(软)座票。
> Qǐng gěi wǒ yì zhāng qù Guǎngzhōu de yìng (ruǎn) zuòpiào.
> 칭 게이 워 이 쨩 취 광쩌우 더 잉(루안)쭈어피아오

■ 광쩌우 가는 폭신한 침대칸 한 장 주세요.

> 请给我一张去广州的软卧票。
> Qǐng gěi wǒ yì zhāng qù Guǎngzhōu de ruǎnwòpiào.
> 칭 게이 워 이 쨩 취 광쩌우 더 루안워피아오

- 여기 표 있습니다.

    这儿有票。
    Zhèr yǒu piào.
    쩔 여우 피아오

- 좌석 찾는 것 좀 도와주시겠어요?

    请帮我找这个座位，好吗?
    Qǐng bāng wǒ zhǎo zhè ge zuòwèi, hǎo ma?
    칭 빵 워 쟈오 쩌 거 쭈어웨이 하오 마

- 요금이 얼마입니까?

    票价是多少?
    Piàojià shì duōshao?
    피아오찌아 스 뚜어샤오

- 언제 광쩌우에 도착합니까?

    什么时候到广州?
    Shénme shíhou dào OO?
    선머 스허우 따오 광쩌우

- 침대 상단을 드릴까요, 하단을 드릴까요?

    你要上铺还是要下铺?
    Nǐ yào shàngpù háishi yào xiàpù?
    니 야오 샹푸 하이스 야오 씨아푸

- 좀 더 이른(늦은) 열차 있습니까?

    有没有再早(晚)一点儿的车次?
    Yǒu méiyǒu zài zǎo (wǎn) yìdiǎnr de chēcì.
    여우 메이여우 짜이 자오 (완) 이디얼 더 쳐츠

- 표를 반환할 수 있나요?

    能退票吗?
    Néng tuìpiào ma?
    넝 투이피아오 마

- 열차시각표 한 부 사려고 합니다.

    我要买一本列车时刻表。
    Wǒ yào mǎi yì běn lièchē shíkèbiǎo.
    워 야오 마이 이 번 리에쳐 스커비아오

- 열차가 정시에 출발합니까?

    列车准时开吗?
    Lièchē zhǔnshí kāi ma?
    리에쳐 준스 카이 마

- 몇 시에 기차가 출발합니까?

    列车几点出发?
    Lièchē jǐdiǎn chūfā?
    리에쳐 지디엔 츄파

- 개찰이 시작되었으니, 역 안으로 들어가세요.

    开始检票了，进站吧。
    Kāishǐ jiǎnpiào le, jìn zhàn ba.
    카이스 지엔피아오러, 찐 쨘 바

- 몇 번 플랫폼에서 타나요?

    从几号站台上车?
    Cóng jǐ hào zhàntái shàngchē?
    총 지 하오 쨘타이 샹쳐

- 침대차가 어느 차입니까?

    卧铺车是哪个车厢?
    Wòpùchē shì nǎ ge chēxiāng?
    워푸쳐 스 나 거 쳐씨앙

- 식당차가 있습니까?

    有餐车吗?
    Yǒu cānchē ma?
    여우 찬쳐 마

6 비행기

■ 여기서 씨안까지 가는 비행기표 한 장 주세요.

我想买一张从这儿到西安的机票。
Wǒ xiǎng mǎi yì zhāng cóng zhèr dào Xī'ān de jīpiào.
워 시앙 마이 이 쨩 총 쩔 따오 씨안 더 지피아오

■ 씨안 가는 비행기 좌석을 예약하려 합니다.

我想订一张去西安的飞机票。
Wǒ xiǎng dìng yì zhāng qù Xī'ān de fēijīpiào.
워 시앙 띵 이 쨩 취 씨안 더 페이지피아오

■ 일반석으로 주세요.

我要经济舱。
Wǒ yào jīngjìcāng.
워 야오 찡지창

■ 이번주 일요일에 좌석 있습니까?

这礼拜天有位子吗?
Zhè lǐbàitiān yǒu wèizi ma?
쩌 리빠이티엔 여우 웨이쯔 마

■ 죄송하지만, 만석입니다.

对不起, 都满了。
Duìbuqǐ, dōu mǎn le.
뚜이부치 떠우 만 러

■ 제 좌석의 예약을 재확인하려고 합니다.

我想确认一下我的座位。
Wǒ xiǎng quèrèn yíxià wǒ de zuòwèi.
워 시앙 취에런 이시아 워 더 쭈어웨이

■ 성명과 비행기편을 말씀해 주세요.

请告诉我您的姓名和航班号。
Qǐng gàosu wǒ nín de xìngmíng hé hángbānhào.
칭 까오쑤 워 닌 더 씽밍 허 항빤하오

■ 이름은 대한이고, 상하이로 가는 MU303편입니다.

我叫大韩,飞往上海的MU303航班。
Wǒ jiào Dàhán, fēiwǎng Shànghǎi de MU sānlíngsān hángbān.
워 찌아오 따한, 페이왕 샹하이 더 MU싼링싼 항빤

■ 비행기편과 시간을 알려주세요.

请告诉我航班和时间吧。
Qǐng gàosu wo hángbān hé shíjiān ba.
칭 까오쑤 워 항빤 허 스지엔 바

■ 요금이 얼마입니까?

票价多少钱?
Piàojià duōshao qián?
피아오찌아 뚜어샤오 치엔

- 실례지만, 예약을 변경하고 싶습니다.

    麻烦您, 我想改变原定的班机
    Máfan nín, wǒ xiǎng gǎibiàn yuándìng de bānjī.
    마판 닌   워 시앙 가이삐엔 위엔띵 더 빤지

- 명단에 손님의 이름이 없습니다!

    名单上没有您的名字!
    Míngdān shang méiyǒu nín de míngzi!
    밍딴 샹 메이여우 닌 더 밍쯔

- 다시 좌석을 예약해 주세요.

    给我重新订机位。
    Gěi wǒ chóngxīn dìng jīwèi.
    게이 워 총씬 띵 지웨이

- 씨안 가는 다음 비행기는 언제 있습니까?

    下一个去西安的班机, 是什么时候?
    Xià yí ge qù Xī'ān de bānjī, shì shénme shíhòu?
    씨아 이 거 취 씨안 더 빤지, 스 션머 스허우

- 언제 출발이십니까?

    是哪一天出发的?
    Shì nǎ yì tiān chūfā de?
    스 나 이 티엔 츄파 더

7 비행기 탑승 수속

■ 민항 탑승수속은 어디서 합니까?

民航的登机处在哪儿?
Mínháng de dēngjīchù zài nǎr?
민항 더 떵지츄 짜이 나알

■ 앞쪽의 데스크로 가세요.

请到前面柜台。
Qǐng dào qiánmiàn guìtái.
칭 따오 치엔미엔 꾸이타이

■ 비행기표 주세요. 짐이 있으세요?

请给我机票。您有行李吗?
Qǐng gěi wǒ jīpiào. Nín yǒu xíngli ma?
칭 게이 워 지피아오. 닌 여우 씽리 마

■ 짐은 두 개이고, 모두 부칠 거예요.

有两件, 都要托运。
Yǒu liǎng jiàn, dōu yào tuōyùn.
여우 량 찌엔. 떠우 야오 투어윈

■ 탑승권과 짐표를 드립니다.

给您登机牌和行李牌。
Gěi nín dēngjīpái hé xínglipái.
게이 닌 떵지파이 허 씽리파이

8 배

■ 실례지만, 어디에서 배표를 삽니까?

请问, 在哪儿买船票?
Qǐngwèn, zài nǎr mǎi chuánpiào?
칭원, 짜이 나알 마이 츄안피아오

■ 오늘 항쪄우에 도착하는 배표가 있습니까?

有今天到杭州的船票吗?
Yǒu jīntiān dào Hángzhōu de chuánpiào ma?
여우 진티엔 따오 항쪄우 더 츄안피아오 마

■ 내일 표를 한 장 예매하고 싶은데요.

我想预购一张明天的船票。
Wǒ xiǎng yùgòu yì zhāng míngtiān de chuánpiào.
워 시앙 위꺼우 이 짱 밍티엔 더 츄안피아오

■ 이 배값에는 식사도 포함되어 있나요?

这船费里包餐吗?
Zhè chuánfèi li bāocān ma?
저 츄안페이 리 빠오찬 마

■ 어디에서 상선합니까?

从哪儿上船呢?
Cóng nǎr shàngchuán ne?
총 나알 샹츄안 너

- 상선 시간은요?

    上船时间呢?
    Shàngchuán shíjiān ne?
    샹츄안 스지엔 너

- 출발 두 시간 전에 상선하실 수 있습니다.

    起航前两个小时就可以上船。
    Qǐháng qián liǎng ge xiǎoshí jiù kěyǐ shàngchuán.
    치항 치엔 량 거 시아오스 찌우 커이 샹츄안

- 배가 정시에 출발할 수 있나요?

    船能按时起锚吗?
    Chuán néng ànshí qǐmáo ma?
    츄안 넝 안스 치마오 마

- 이등(일등) 선실 요금이 얼마입니까?

    二等(头等)舱的票价是多少钱?
    Èr děng (tóu děng) cāng de piàojià shì duōshao qián?
    얼넝 (터우덩) 창 더 피아오찌아 스 뚜어샤오 치엔

- 여기서 얼마나 머무릅니까?

    在这儿停多久?
    Zài zhèr tíng duōjiǔ?
    짜이 쩔 팅 뚜어지우

상황별 주요 단어

버스

버스	꽁꽁 치쳐	公共汽车
승차하다	상처	上车
하차하다	씨아쳐	下车
요금	쳐페이	车费
버스정류장	꽁쳐짠	公车站
시외버스	창투 치쳐	长途汽车
버스노선	루씨엔	路线
첫차	터우빤쳐	头班车
막차	모빤쳐	末班车
종점	쫑디엔짠	终点站
버스표지판	짠파이	站牌

전철·지하철

지하철	띠티에	地铁
지하철역	띠티에짠	地铁站
지하철 노선도	띠티에 루씨엔투	地铁路线图
다음 정류장	씨아이짠	下一站
교통카드	지아오통카	交通卡
환승	환청	换乘
정거장을 지나치다	쭈어꾸어짠	坐过站

택시

택시	츄주처	出租车
운전사	쓰지	司机
요금미터기	찌청비아오	计程表
기본요금	치찌아	起价
러시아워	까오펑 스지엔	高峰时间
정체	두처	堵车

기차

기차	후어처	火车
기차역	후어처짠	火车站
매표소	서우피아오츄	售票处
기차표	처피아오	车票
표값	피아오찌아	票价
편도표	딴청피아오	单程票
왕복표	왕판피아오	往返票
개찰구	지엔피아오커우	检票口
열차시간표	스커비아오	时刻表
출발역	스파짠	始发站
종착역	쭝디엔짠	终点站
환승역	쭝쥬안짠	中转站

5

식당 필수 표현

식당에서

초대에 응해 식사할 때

혼자 간단한 식사를 할 때(1)

혼자 간단한 식사를 할 때(2)

패스트푸드 점에서

술집에서

상황별 주요 단어

음식 즐기기

여기저기 돌아다니다 보면 금세 배가 고파지는 것은 당연지사! 금강산도 식후경이라고 하니 든든하게 먹고 다시 여행을 즐길 기운을 차리세요.

중국요리

'하늘을 나는 것 중에는 비행기 빼고는 다 먹고, 지상의 네 발 달린 것으로는 책상 빼곤 다 먹는다'라는 말이 있을 정도로 중국은 음식이 다양할 뿐만 아니라 지역별로 특성 또한 각양각색입니다.

특히, 지역에 따라 요리법과 재료가 다른데 베이징, 샹하이, 광뚱, 쓰추안 요리가 대표적입니다.

베이징요리

추위에 견디기 강한 고칼로리 음식이 많이 발달돼 있고 기름기가 많고 맵고 짠 요리

가 많습니다. 지역특성상 궁중요리가 많이 발달해 있는데 베이징카오야(오리구이), 솬양러우(양고기 샤브샤브), 찌앙빠오야띵(튀긴 오리고기) 등이 유명합니다.

샹하이요리

중국 중부지방의 대표적인 요리로 양자강 유역에서 나오는 풍부한 해산물과 미곡을 이

용한 요리가 많습니다. 찌앙여우醬油를 사용하여 맛이 비교적 달콤하고 기름기가 많으며 진한 편인데, 대표적인 요리로는 따지아시에(게요리), 시아오롱빠오(얇은 피 속에 소와 뜨거운 수프를 넣어 만든 만두 같은 요리), 시후추위(생선에 달콤새콤한 소스를 뿌린 요리), 탕츄러우(탕수육) 등이 있습니다.

광뚱요리

중국 남부지방의 요리를 대표하며 기후가 덥기 때문에 비교적 담백한 맛을 내는 요리가 발달하였고 서유럽의 요리법인 쇠고기, 서양채소, 토마토케찹, 굴소스 등을 사용한 요리가 발달하였습니다. 중국에서도 가장 종류가 많아 5,000여 가지에 이른다고 합니다. 유명한 광뚱 요리로는 카오루쥬(새끼돼지 통구이),

하이시엔후어구어(해산물 샤브샤브), 디엔신(딤섬) 등이 있습니다.

쓰촨안요리

서부지역의 요리를 대표하며 산악지대 악천후를 이겨내기 위한 향신료가 발달했습니다.

다. 각종 향신료와 마늘, 고추를 사용한 매운 맛이 특징이어서 한국 사람들의 식성에 가장 잘 맞는 음식이라고 할 수 있습니다. 유명한 요리로는 후어구어(매운 국물 샤브샤브), 마포떠우푸(마파두부), 지아창니우깐(소의 간요리) 등이 있습니다.

한국인의 입맛에 잘 맞는 요리

宫保鸡丁 gōngbǎo jīdīng
꽁바오 지띵

닭고기를 작은 덩어리로 썰어 땅콩, 오이, 고추 등 각종 야채와 함께 볶은 요리. 달콤 짭짤한 맛이 납니다. (띵丁은 작게 깍뚝 썰기한 모양)

辣子鸡丁 làzǐ jīdīng
라즈 지띵

닭고기를 덩어리 썰기 하여 빨간 고추를 듬뿍 넣고 볶은 매콤한 요리.

鱼香肉丝 yúxiāng ròusī
위시앙 러우쓰

고기를 채썰기 하여 새콤달콤하게 볶은 요리. (러우쓰肉丝는 고기를 가늘게 채썬 모양)

京酱肉丝 jīngjiàng ròusī
징찌앙 러우쓰

돼지 등심 부위 고기를 가늘게 채썰기 하여 중국자장으로 볶은 음식. 달고 짠 맛이 적당하며, 가늘게 채 썬 파와 함께 먹습니다.

麻婆豆腐 mápó dòufu
마포떠우푸
두부를 이용하여 매콤하게 조리한 사천요리.

糖醋里脊 tángcù lǐjī
탕추리지 (탕수육)
탕츄糖醋는 식초와 설탕이 들어간 새콤달콤한 맛을 내는 걸쭉한 소스를 말하고, 리지里脊는 돼지고기 등심 부위를 가리킵니다.

南瓜饼 nánguā bǐng
난꾸아빙
호박을 얇게 썰어 삶은 후 으깨어 찹쌀, 분유, 설탕 등을 넣고 잘 섞어 기름에 튀긴 음식.

回锅肉 huíguōròu
후이꾸어러우
돼지고기를 덩어리 채로 삶고 다시 적당히 썰어 간장과 식초로 간을 하여 기름에 볶은 쓰추안四川 요리.

알고 갑시다

酸辣汤 suānlàtāng
쑤안라탕
두부와 닭, 혹은 돼지의 선지를 잘게 썰고 갈분을 첨가하여 후추와 식초를 넣어 새콤하게 끓인 국.

西红柿炒鸡蛋
xīhóngshì chǎo jīdàn
씨홍스 챠오 지딴
(토마토 계란 볶음 요리)토마토를 먹기 좋게 썰어서 계란과 함께 기름에 볶은 요리.

蒸饺子 zhēng jiǎozi
쩡 지아오즈
중국의 전통 찜통 쩡롱蒸笼에 여러 가지 소를 넣고 찐 만두.

牛肉面 niúròu miàn
니우러우미엔
쇠고기 국물에 간장과 설탕으로 간을 하고 면 위에 양념된 쇠고기 덩어리 몇 조각을 얹은 면 요리.

北京烤鸭 Běijīng kǎoyā
베이징 카오야

(오리구이)중국 궁정요리의 하나로 매우 귀한 음식이었는데 후에 민간에 전해져 지금은 베이징 최고의 요리가 됨. 살찌운 오리를 독특한 방법으로 조리하여 사진과 같이 얇게 썰어 나오면 밀가루 전병에 파, 양념 등을 넣고 같이 싸먹습니다.

全聚德 Quánjùdé
취엔취더

베이징에서 가장 유명한 오리구이 전문점이며, 늘 사람들로 붐빕니다. ○

全聚德 취엔취더 Quánjùdé 의 내부 모습

주방장이 조리된 오리를 자르고 있는 모습

식당 필수 표현

_____ 주세요.

칭 게이 워
请给我_____。
Qǐng gěi wǒ!

메뉴 차이딴 菜单 càidān	숟가락 샤오즈 勺子 sháozi	젓가락 콰이즈 筷子 kuàizi
포크 챠즈 叉子 chāzi	나이프 찬따오 餐刀 cāndāo	컵 뻬이즈 杯子 bēizi
접시 디에즈 碟子 diézi	계산서 쨩딴 账单 zhàngdān	물수건 스마오진 湿毛巾 shīmáojīn

식당 필수 표현

_____ 주세요.

칭 게이 워
请给我_____。
Qǐng gěi wǒ!

생수 쾅취엔쉐이 矿泉水 kuàngquánshuǐ	콜라 컬러 可乐 kělè	사이다 치쉐이 汽水 qìshuǐ
커피 카페이 咖啡 kāfēi	맥주 피지우 啤酒 píjiǔ	따뜻한 거 원더 温的 / 热的 wēnde / rède
시원한 거 삥더 冰的 bīngde	소금 옌 盐 yán	간장 찌앙여우 酱油 jiàngyóu

기본표현 | 기내 | 공항 | 교통 | 식당 | 숙박 | 관광 | 쇼핑 | 공공시설 | 트러블 | 귀국 | 찾아보기

87

1 식당에서

■ 어서 오세요, 이쪽으로 오세요.

欢迎光临, 请这边来。
Huānyíng guānglín. Qǐng zhèbiān lái.
환잉 꽝린,　칭 쩌비엔 라이

■ 몇 분이세요?

几位?
Jǐ wèi?
지 웨이

■ 두 명입니다.

两个人
Liǎng ge rén.
량 거 런

■ 메뉴를 보세요. 무엇을 주문하시겠습니까?

请看菜单, 您要点什么?
Qǐng kàn càidān, nín yào diǎn shénme?
칭 칸 차이딴,　닌 야오 디엔 션머

■ 저는 중국요리에 대해 잘 모릅니다.

我对中国菜不太董。
Wǒ duì Zhōngguócài bútài dǒng.
워 뚜이 쭝구어차이 부타이 동

■ 이 식당의 주 특기요리는 무엇인지요?

你们有什么拿手菜?
Nǐmen yǒu shénme náshǒu cài?
니먼 여우 션머 나셔우 차이

■ 너무 느끼한 것은 좋아하지 않아요.

我不喜欢吃太油腻的。
Wǒ bù xǐhuan chī tài yóunì de.
워 뿌 씨환 츠 타이 여우니 더

■ 이것으로 주세요.

我要这个。
Wǒ yào zhè ge.
워 야오 쩌 거

■ 맛이 어떻습니까?

味道怎么样?
Wèidào zěnmeyàng?
웨이따오 전머양

■ 정말 맛있습니다.

真好吃。
Zhēn hǎochī.
쩐 하오츠

2 초대에 응해 식사할 때

■ 이렇게 따뜻하게 대접해 주셔서 정말 감사합니다.

谢谢您这么热情地招待我。
Xièxie nín zhème rèqíng de zhāodài wǒ.
씨에씨에 닌 쩌머 러칭 더 쨔오따이 워

■ 그런 말씀 마세요. 당연한 거지요.

不要这么说, 是应该的。
Búyào zhème shuō, shì yīnggāi de.
부야오 쩌머 슈어, 스 잉까이 더

■ 자, 우리 한 잔 합시다.

来, 我们干一杯吧。
Lái, wǒmen gān yìbēi ba.
라이, 워먼 깐 이 뻬이 바

■ 우리들의 우정을 위하여 건배!

为我们的友谊干杯!
Wèi wǒmen de yóuyì gānbēi!
웨이 워먼 더 여우이 깐뻬이

■ 건배!

干杯!
Gānbēi!
깐뻬이

- 이 요리 좀 드셔 보세요.

    请您尝尝这个菜。
    Qǐng nín chángchang zhè ge cài.
    칭 닌 챵챵 쩌 거 차이

- 감사합니다. 정말 맛있네요.

    谢谢, 真好吃。
    Xièxie, zhēn hǎochī.
    씨에씨에, 쩐 하오츠

- 제가 다시 한 잔 올리겠습니다.

    我再敬您一杯。
    Wǒ zài jìng nín yì bēi.
    워 짜이 찡 닌 이 뻬이

- 한국에서 통쾌하게 다시 한잔 합시다.

    我们在韩国再痛痛快快地喝上几杯。
    Wǒmen zài Hánguó zài tòngtòngkuàikuài de hēshang jǐ bēi.
    워먼 짜이 한구어 짜이 통통콰이콰이 더 허샹 지 뻬이

3 혼자 간단한 식사를 할 때

■ 간단한 중국 요리를 먹으려고 합니다.

我想吃简单的中国菜。
Wǒ xiǎng chī jiǎndān de Zhōngguócài.
워 시앙 츠 지엔딴 더 쭝구어차이

■ 이 근처의 식당 좀 알려 주실래요?

请介绍这儿附近的饭馆。
Qǐng jièshào zhèr fùjìn de fànguǎn.
칭 지에샤오 쩔 푸진 더 판관

■ 호텔 후문을 나가면, 간단한 식당이 있습니다.

您出去旅馆后门，就能看到家常饭馆。
Nín chūqu lǚguǎn hòumén, jiù néng kàndào jiācháng fànguǎn.
닌 츄취 뤼관 허우먼, 지우 넝 칸따오 지아챵 판관

■ 어서 오세요, 앉으세요.

欢迎，请坐。
Huānyíng, qǐng zuò.
환잉, 칭 쭈어

■ 메뉴 좀 주세요.

请给我菜单。
Qǐng gěi wǒ càidān.
칭 게이 워 차이딴

■ 무엇을 드시겠습니까?

您要吃什么?
Nín yào chī shénme?
닌 야오 츠 션머

■ 어떤 음식이 맛있습니까?

什么菜好吃?
Shénme cài hǎochī?
션머 차이 하오츠

■ 볶음밥과 만두 10개 주세요.

什锦炒饭和十个包子。
Shíjǐnchǎofàn hé shí ge bāozi.
스진챠오판 허 스 거 빠오즈

■ 생수 한 병 주실래요?

请给我一瓶矿泉水, 好吗?
Qǐng gěi wǒ yì píng kuàngquánshuǐ, hǎo ma?
칭 게이 워 이 핑 쾅치엔쉐이, 하오 마

■ 다 먹었습니다. 모두 얼마죠?

吃饱了, 一共多少钱?
Chī bǎo le, yígòng duōshao qián?
츠 바오 러, 이꽁 뚜어샤오 치엔

4 패스트푸드 점에서

■ 어서 오세요.

欢迎光临。
Huānyíng guānglín.
환잉 꽝린

■ 어떤 걸로 드릴까요?

您要什么?
Nín yào shénme?
닌 야오 션머

■ 햄버거 하나와 콜라 한 잔 주십시오.

请给我一个汉堡包和一杯可乐。
Qǐng gěi wǒ yíge hànbǎobāo hé yìbēi kělè.
칭 게이 워 이거 한바오빠오 허 이뻬이 컬러

■ 큰 걸로 드릴까요, 보통으로 드릴까요?

大杯还是小杯?
Dàbēi háishi xiǎobēi?
따뻬이 하이스 시아오뻬이

■ 이거 하나, 저거 하나, 커피 한 잔 주세요.

请给我一个这个，一个那个，还有一杯咖啡。
Qǐng gěi wǒ yíge zhège, yíge nàge, háiyǒu yìbēi kāfēi.
칭 게이 워 이거 쩌거, 이거 나거, 하이여우 이뻬이 카페이

■ 여기서 드실 겁니까, 가지고 가실 겁니까?

在这儿吃，还是带走
Zài zhèr chī, háishi dàizǒu?
짜이 쩔 츠, 하이스 따이저우

■ 여기서 먹을 겁니다

在这儿吃。
Zài zhèr chī.
짜이 쩔 츠

■ 가지고 갈 겁니다.

要带走。
Yào dàizǒu.
야오 따이저우

맥도날드
麦当劳 마이땅라오
Màidāngláo

KFC
肯德基 컨더지
Kěndéjī

5 술집에서

■ 어서 오세요. 몇 분이시지요?

欢迎光临，几位?
Huānyíng guānglín, jǐ wèi?
환잉 꽝린. 지 웨이

■ 간단하게 한잔 하려구요.

我想简单地喝一杯。
Wǒ xiǎng jiǎndānde hē yì bēi.
워 시앙 지엔딴더 허 이 뻬이

■ 메뉴 보십시오. 지금 시키겠습니까?

请您看菜单。现在要点吗?
Qǐng nín kàn càidān. Xiànzài yào diǎn ma?
칭 닌 칸 차이딴. 씨엔짜이 야오 디엔 마

■ 마파두부와 위시앙러우쓰 주세요.

给我们麻婆豆腐，鱼香肉丝。
Gěi wǒmen mápódòufu, yúxiāngròusī.
게이 워먼 마포떠우푸. 위씨앙러우쓰

■ 무슨 술을 마시겠습니까?

要喝什么酒?
Yào hē shénme jiǔ?
야오 허 션머 지우

■ 어떤 술이 있습니까?

有什么酒?
Yǒu shénme jiǔ?
여우 션머 지우

■ 맥주는 칭다오와 란따이 두 상표가 있습니다.

啤酒的话, 有青岛和蓝带两个牌子。
Píjiǔ de huà, yǒu Qīngdǎo hé Lándài liǎng ge páizi.
피지우 더 화 여우 칭다오 허 란따이 량 거 파이쯔

■ 얼꾸어터우주 한 병 주세요.

给我一瓶二锅头酒吧。
Gěi wǒ yì píng èrguōtóujiǔ ba.
게이 워 이 핑 얼꾸어터우지우 바

편의점에 진열돼 있는 중국 술

女儿红　nǚ'érhóng ················· 뉘얼훙
绍兴酒　Shàoxīngjiǔ ··············· 샤오씽지우
茅台酒　Máotáijiǔ ················· 마오타이지우

상황별 주요 단어

식기

젓가락	콰이즈	筷子
숟가락	샤오즈	勺子
포크	차즈	叉子
접시	디에즈	碟子
밥그릇	판완	饭碗
컵	뻬이즈	杯子

패스트푸드

햄버거	한바오빠오	汉堡包
핫도그	러거우	热狗
피자	비싸빙	比萨饼
스파게티	이따리미엔	意大利面
샌드위치	싼밍즈	三明治
프렌치프라이	슈티아오	薯条

패스트푸드점

맥도날드	마이땅라오	麦当劳
피자헛	삐셩커	必胜客
KFC	컨더지	肯德基
스타벅스	씽빠커	星巴克

간식

도너츠	티엔취엔	甜圈
케이크	딴까오	蛋糕
아이스크림	삥치린	冰淇淋
비스킷	빙깐	饼干
초콜렛	치아오커리	巧克力
껌	커우씨앙탕	口香糖

간단한 중국 음식

볶음밥	챠오판	炒饭
만두(교자)	빠오즈	包子
물만두	쉐이지아오	水饺
죽	쩌우	粥

양념

소금	옌	盐
간장	찌앙여우	酱油
설탕	탕	糖
후추	후찌아오펀	胡椒粉
고춧가루	라찌아오펀	辣椒粉
고추장	라찌아오찌앙	辣椒酱

6

숙박 필수 표현

호텔 찾아가기

예약한 호텔 체크인

예약 안 한 호텔 체크인

룸서비스 요청

세탁의뢰

아침식사 (조식 포함시)

아침식사 (조식 불포함시)

체크아웃

상황별 주요 단어

숙박 이용

맛있게 먹고 신나게 놀다보면 어느덧 날은 저물고 몸은 지쳐만 갑니다. 몸이 편해야 마음도 편해지기 마련인데요. 하루의 피로를 풀 잠자리가 불편하면 안 되겠죠?

알고 갑시다

중국의 숙박시설

중국의 숙박시설은 판띠엔饭店, 지우띠엔酒店, 삔관宾馆, 뤼관旅馆, 뤼셔旅社, 쨔오따이수어招待所 등으로 나뉘는데 외국인이 숙박할 수 있는 곳은 판띠엔饭店, 지우띠엔酒店, 삔관宾馆 (모두 호텔급) 등으로 제한되어 있습니다.
특히, 성수기와 비수기에 따라 가격 차이가 심하므로 노동절 4월 30일~5월 7일 정도, 국경절 9월 30일~10월 7일 사이에는 자유여행을 피하는 것이 좋습니다.

호텔

별의 갯수(1~5개)에 따라 등급이 구분되며 일반적으로 성수기와 비수기에 따라 숙박요금이 크게는 50%까지 차이가 납니다.

❶ **체크인과 체크아웃**
  - 체크인 정오가 지나면 언제든지 가능하고, 체크인할 때에는 숙박표에 여권번호, 비자번호, 성명 등을 기입하면 됩니다.
  - 체크아웃 오전 12:00까지 해야 하고, 이 시간을 넘기면 반나절 요금이 추가되는 경우가 많습니다.
    프런트에 키를 반납한 후 숙박비 외에 전화사용료, 냉장고 안의 식료품 사용료, 서비스 요금 등을 계산하면 체크아웃이 완료됩니다.

❷ 호텔 시설
1성과 2성의 호텔에는 여러 명이 한꺼번에 묵을 수 있는 도미토리가 있는데 도미토리인 경우 요금은 저렴하지만 공동 샤워장과 공동 화장실을 써야한다는 불편함이 있습니다.

❸ 호텔 이용 상식
호텔의 객실은 3성급 정도의 2인 1실을 기준으로 했을 때 욕실, TV, 차세트, 응접 세트, 침대 2개 등이 갖춰져 있습니다. 곳에 따라서는 급수 사정이 좋지 않아 급수 시간이 지나면 샤워를 할 수 없는 곳도 있으니 체크인할 때 온수 사용시간을 확인 하는 것이 좋습니다. 대개의 객실에는 보온병에 뜨거운 물이 담겨 있어 차를 마실 수 있으며 커피 믹스를 가지고 가면 편리합니다.

❹ 아침식사
대부분의 호텔 일반요금에는 아침식사가 포함되어 있으므로 체크인할 때 확인하고, 아침식사 장소를 물어 보고, 쿠폰을 사용한다면 받아두도록 합니다.

그 외의 시설로는 커피숍, 바, 음식점, 비지니스센터, 풀장 등을 갖추고 있는데, 각 호텔이 갖추고 있는 시설은 조금씩 차이가 있습니다.

❺ 호텔 숙박 요금
호텔숙박요금은 호텔의 등급과 성수기 비수기에 따라 천차만별이고, 대개 호텔요금에는 10-20%의 서비스 요금이 계산되어 나옵니다. 계산은 달러나 인민폐 등으로 가능하고 중급(3성) 이상의 호텔에서는 신용카드로도 계산할 수 있습니다.

호텔 필수 표현

_____ 이(가) 있습니까?

여우 메이여우
有没有_____?
Yǒu méiyǒu

□객실 **커팡**  客房 kèfáng	□싱글룸 **딴런지엔**  单人间 dānrénjiān	□더블룸 **슈앙런지엔**  双人间 shuāngrénjiān
□스위트룸 **타오팡**  套房 tàofáng	□도미토리(다인실) **뚜어런지엔**  多人间 duōrénjiān	□프런트 **종푸우타이**  总服务台 zǒngfúwùtái
□커피숍 **카페이팅**  咖啡厅 kāfēitīng	□레스토랑 **찬팅**  餐厅 cāntīng	□엘리베이터 **띠엔티**  电梯 diàntī

호텔 필수 표현

_____ 이(가) 있습니까?

여우 메이여우
有没有_____?
Yǒu méiyǒu

□ 수건 **마오진** 毛巾 máojīn	□ 치약 **야까오** 牙膏 yágāo	□ 칫솔 **야슈아** 牙刷 yáshuā
□ 비누 **시앙짜오** 香皂 xiāngzào	□ 샴푸 **시파쉐이** 洗发水 xǐfàshuǐ	□ 에어컨 **콩티아오** 空调 kōngtiáo
□ 전화 **띠엔화지** 电话机 diànhuàjī	□ 텔레비전 **띠엔스지** 电视机 diànshìjī	□ 헤어드라이기 **췌이펑지** 吹风机 chuīfēngjī

1 호텔 찾아가기

■ 호텔 안내 책자 있습니까?

有饭店指南吗?
Yǒu fàndiàn zhǐnán ma?
여우 판띠엔 즈난 마

■ 그다지 비싸지 않은 호텔을 추천해 주세요.

请给我推荐便宜一点儿的饭店。
Qǐng gěi wǒ tuījiàn piányi yìdiǎnr de fàndiàn.
칭 게이 워 투이지엔 피에니 이디얼 더 판띠엔

■ 시내 중심에 있는 호텔을 추천해 주시겠습니까?

您能给我推荐位于市中心的饭店吗?
Nín néng gěi wǒ tuījiàn wèiyú shìzhōngxīn de fàndiàn ma?
닌 넝 게이 워 투이지엔 웨이위 스쫑씬 더 판딘엔 마

■ 중국호텔에 가려고 합니다.

我要去中国大饭店。
Wǒ yào qù Zhōngguó dàfàndiàn.
워 야오 취 쭝구어 따판띠엔

■ 얼마입니까?

多少钱?
Duōshao qián?
뚜어샤오 치엔

■ 여기 있습니다. 수고하셨어요.

 在这儿。辛苦了。
 Zài zhèr. Xīnkǔ le.
 짜이 쩔. 씬쿠 러

■ 이곳에 시내까지 가는 버스 있습니까?

 这儿有到市内的公共汽车吗?
 Zhèr yǒu dào shìnèi de gōnggòng qìchē ma?
 쩔 여우 따오 스네이 더 꽁꽁치쳐 마

■ 이 버스는 시내에 있는 중국호텔에 갑니까?

 这路车到市内的中国饭店吗?
 Zhè lù chē dào shìnèi de Zhōngguó fàndiàn ma?
 저 루 쳐 따오 스네이 더 쭝구어 판띠엔 마

■ 거기까지 시간이 얼마나 걸립니까?

 到那里需要多长时间?
 Dào nàli xūyào duōcháng shíjiān?
 따오 나리 쒸야오 뚜어챵 스지엔

■ 어느 정류장에서 내려야 합니까?

 在哪个站下车?
 Zài nǎ ge zhàn xiàchē?
 짜이 나거 쨘 씨아쳐

2 예약한 호텔 체크인

■ 객실 예약을 했습니다.

我有预订房间。
Wǒ yǒu yùdìng fángjiān.
워 여우 위띵 팡지엔

■ 김대한, 영문으로는 KIM, DAEHAN입니다.

金大韩, 英文是KIM, DAEHAN。
Jīn Dàhán, Yīngwén shì KIM, DAEHAN.
진 따한 잉원 스 KIM, DAEHAN

■ 3박을 예약했습니다.

我预订了3个晚上。
Wǒ yùdìng le sān ge wǎnshàng.
워 위띵 러 싼 거 완샹

■ 잠시만요, 찾아보겠습니다.

请等一下, 我查查看。
Qǐng děng yíxià, wǒ chácha kàn.
칭 덩 이시아, 워 챠챠 칸

■ 숙박기록카드에 성함, 주소,

请您填这张登记卡, 写上您的姓名, 地址,
Qǐng nín tián zhè zhāng dēngjìkǎ, xiěshang nín de xìngmíng, dìzhǐ,
칭 닌 티엔 쩌 쨩 떵지카 시에샹 닌 더 씽밍 띠즈

■ 여권번호를 쓰시고 서명하세요.

护照号码，然后签名 。
hùzhàohàomǎ, ránhòu qiānmíng.
후짜오 하오마, 란허우 치엔밍

■ 아침식사는 호텔비에 포함됩니까?

早餐包括在住宿费里吗?
Zǎocān bāokuò zài zhùsùfèi li ma?
자오찬 빠오쿠어 짜이 쮸쑤페이 리 마 ?

■ 보증금을 내야 합니까?

要交押金吗?
Yào jiāo yājīn ma?
야오 지아오 야진 마

■ 카드로 결제할 것입니다.

刷卡 。
Shuākǎ.
슈이카

■ 이것이 선생님의 룸키이고, 731호실입니다.

这是您的钥匙，您的房间是七三一号 。
Zhè shì nín de yàoshi, nín de fángjiān shì qī sān yāo hào.
저 스 닌 더 야오스, 닌 더 팡지엔 스 치 싼 야오 하오

3 예약 안 한 호텔 체크인

■ 실례지만, 빈 방 있습니까?

请问，有空房间吗?
Qǐngwèn, yǒu kōng fángjiān ma?
칭원, 여우 콩 팡지엔 마

■ 예약을 하려는데요.

我想订房间。
Wǒ xiǎng dìng fángjiān.
워 시앙 띵 팡지엔

■ 싱글룸을 원하십니까, 트윈룸을 원하십니까?

您要单人间还是双人间?
Nín yào dānrénjiān háishi shuāngrénjiān?
닌 야오 딴런지엔 하이스 슈앙런지엔

■ 싱글룸 주세요. 하루에 얼마입니까?

请给我单人间，住一天多少钱?
Qǐng gěi wǒ dānrénjiān, zhù yìtiān duōshao qián?
칭 게이 워 딴런지엔, 쭈 이티엔 뚜어샤오 치엔

■ 뜨거운 물은 하루종일 나옵니까?

有24小时热水吗?
Yǒu èrshísì xiǎoshí rèshuǐ ma?
여우 얼쓰쓰 시아오스 러쉐이 마

■ 더 큰 방은 있습니까?

有大一点儿的房间吗?
Yǒu dà yìdiǎnr de fángjiān ma?
여우 따 이디얼 더 팡지엔 마

■ 이 방으로 하겠습니다.

我就要这间房了。
Wǒ jiùyào zhè jiān fáng le.
워 지우야오 쩌지엔팡 러

■ 이틀 묵고, 모레 아침에 체크아웃할 거예요.

我要住两天, 后天早上退房。
Wǒ yào zhù liǎngtiān, hòutiān zǎoshang tuìfáng.
워 야오 쭈 량티엔, 허우티엔 자오샹 투이팡

■ 현금으로 지불하겠습니다.

我要付现金。
Wǒ yào fù xiànjīn.
워 야오 푸 씨엔진

■ 이 표를 기록해 주세요.

请您填这张表。
Qǐng nín tián zhè zhāng biǎo.
칭 닌 티엔 쩌 쨩 비아오

4 룸서비스 요청

■ 여보세요? 룸서비스입니까?

喂, 客房服务吗?
Wèi, kèfáng fúwù ma?
웨이, 커팡 푸우 마

■ 여기는 602호실인데요.

这儿是六零二号房间。
Zhèr shì liù líng èr hào fángjiān.
쩔 스 리우 링 얼 하오 팡지엔

■ 에어컨에 문제가 있는 것 같아요.

我的空调好像有问题。
Wǒ de kòngtiáo hǎoxiàng yǒu wèntí.
워 더 콩티아오 하오씨앙 여우 원티

■ 방이 너무 더워요.

房间里很热。
Fángjiān li hěn rè
팡지엔 리 헌 러

■ 모닝콜 좀 해 주세요.

我要一个叫醒服务。
Wǒ yào yí ge jiàoxǐng fúwù.
워 야오 이 거 지아오씽 푸우

- 7시에 모닝콜을 부탁합니다.

    请7点钟叫我起床。
    Qǐng qīdiǎn zhōng jiào wǒ qǐchuáng.
    칭 치디엔 쫑 지아오 워 치츄앙

- 실례지만, 보관함을 이용하고 싶은데요.

    麻烦您,我想用一个保险箱。
    Máfan nín, wǒ xiǎng yòng yí ge bǎoxiǎnxiāng.
    마판 닌, 워 시앙 용 이 거 바오시엔씨앙

- 언제든지 이용이 가능합니까?

    我随时可以用吗?
    Wǒ suíshí kěyǐ yòng ma?
    워 쑤이스 커이 용 마

- 낮이나 밤 모두 가능합니다.

    白天或晚上都可以。
    Báitiān huò wǎnshang dōu kěyǐ.
    바이티엔 후어 왼상 띠우 커이

- 제 보관함 좀 열어 주실래요? 37번입니다.

    可以开我的保险箱吗? 是三十七号。
    Kěyǐ kāi wǒ de bǎoxiǎnxiāng ma? Shì sān shí qī hào.
    커이 카이 워 더 바오시엔씨앙 마? 스 싼 스 치 하오

5 세탁의뢰

■ 여기 세탁 서비스 됩니까?

这儿有洗衣服务吗?
Zhèr yǒu xǐ yī fúwù ma?
쩔 여우 씨 이 푸우 마

■ 어떤 것을 세탁하시겠습니까?

您要洗什么?
Nín yào xǐ shénme?
닌 야오 씨 션머

■ 와이셔츠 한 장입니다.

一件衬衫。
Yí jiàn chènshān.
이 찌엔 천샨

■ 드라이 클리닝해야 합니다.

要干洗。
Yào gānxǐ.
야오 깐씨

■ 옷을 세탁 봉투에 넣고, 입구에 걸어 두세요.

请您把衣服放在洗衣袋里，然后挂在门口。
Qǐng nín bǎ yīfu fàng zài xǐyīdài li, ránhòu guàzài ménkǒu.
칭 닌 바 이푸 팡 짜이 씨이따이리, 란허우 꽈짜이 먼커우

■ 언제 입을 수 있습니까?

什么时候可以穿?
Shénme shíhou kěyǐ chuān?
션머 스허우 커이 츄안

■ 내일 입으려고합니다.

我明天要穿。
Wǒ míngtiān yào chuān.
워 밍티엔 야오 츄안

■ 내 세탁물이 다 됐습니까?

我的衣服洗好了吗?
Wǒ de yīfu xǐhǎo le ma?
워 더 이푸 시하오 러 마

■ 좋습니다, 부탁드릴게요.

好, 拜托了。
Hǎo, bàituō le.
하오, 빠이투어 러

6 아침식사 (조식 포함시)

■ 말씀 여쭐게요, 아침식사는 어디에서 합니까?

请问, 在哪儿吃早餐?
Qǐngwèn, zài nǎr chī zǎocān?
칭원, 짜이 나얼 츠 자오찬

■ 언제부터 시작됩니까?

什么时候开始?
Shénme shíhou kāishǐ?
션머 스허우 카이스

■ 어떤 음식이 있습니까?

有什么菜?
Yǒu shénme cài?
여우 션머 차이

■ 식권을 주시겠습니까?

请给我餐券。
Qǐng gěi wǒ cānjuàn.
칭 게이 워 찬쥐엔

7 아침식사 (조식 불포함시)

■ 실례지만, 호텔에서 조식을 할 수 있습니까?

请问，饭店里可以吃早餐吗?
Qǐngwèn, fàndiàn li kěyǐ chī zǎocān ma?
칭원, 판띠엔 리 커이 츠 자오찬 마

■ 식당은 어디에 있습니까?

餐厅在哪儿?
Cāntīng zài nǎr?
찬팅 짜이 나알

■ 아침을 방에서 먹을 수 있습니까?

早餐可以在房间里吃吗?
Zǎocān kěyǐ zài fángjiānli chī ma?
자오찬 커이 짜이 팡지엔리 츠 마

■ 양식 정식으로 주세요.

给我西餐定式吧。
Gěi wǒ xīcān dìngshì ba.
게이 워 씨찬 띵스 바

8 체크아웃

■ 체크아웃하려고 합니다. 이것은 제 룸키입니다.

我想退房，这是我的钥匙
Wǒ xiǎng tuìfáng, zhè shì wǒ de yàoshi.
워 시앙 투이팡, 쩌 스 워 더 야오스

■ 손님의 계산서입니다.

这是您的账单。
Zhè shì nín de zhàngdān.
쩌 스 닌 더 장딴

■ 말씀 여쭐게요. 이것은 무슨 비용이지요?

请问，这是什么费用?
Qǐngwèn, zhè shì shénme fèiyòng?
칭원, 쩌 스 션머 페이용

■ 그것은 손님이 냉장고 음료를 이용하신 겁니다.

您用房间冰箱里的饮料费。
Nín yòng fángjiān bīngxiāngli de yǐnliàofèi.
닌 용 팡지엔 삥씨앙리 더 인리아오 페이

■ 손님이 서울로 거신 국제전화 비용입니다.

您打到首尔的国际电话费。
Nín dǎdào Shǒu'ěr de guójì diànhuàfèi.
닌 다따오 셔우얼 더 구어지 띠엔화페이

- 신용카드로 계산하시겠습니까?

    您用信用卡结账吗?
    Nín yòng xìnyòngkǎ jiézhàng ma?
    닌 용 씬용카 지에짱 마

- 이것은 영수증이고, 사인해 주세요.

    这是您的收据, 请签名。
    Zhè shì nín de shōujù qǐng qiānmíng.
    쩌 스 닌 더 셔우쥐. 칭 치엔밍

- 여행자 수표를 받습니까?

    这儿接受旅行者支票吗?
    Zhèr jiēshòu lǚxíngzhě zhīpiào ma?
    쩔 지에셔우 뤼씽져 즈피아오 마

- 택시를 좀 불러줄 수 있습니까?

    能帮我叫一辆出租车吗?
    Néng bāng wǒ jiào yí liàng chūzūchē ma?
    넝 빵 워 찌아오 이량 츄쭈쳐 마

- 하룻밤 더 묵고 싶습니다.

    我还想再呆一个晚上。
    Wǒ hái xiǎng zài dāi yí ge wǎnshàng
    워 하이 시앙 짜이 따이 이 거 완샹

상황별 주요 단어

호텔

호텔	판디엔	饭店
	지우띠엔	酒店
	삔관	宾馆
특급호텔	우씽지	五星级
프런트데스크	푸우타이	服务台
로비	따팅	大厅
벨보이	씽리위엔	行李员
객실	커팡	客房
싱글룸	딴런지엔	单人间
트윈룸	슈앙런지엔	双人间
스위트룸	타오지엔	套间
스탠다드룸	비아오준지엔	标准间
방번호	팡지엔 하오마	房间号码
카드열쇠	팡카 야오스	房卡钥匙

부대시설

커피숍	카페이팅	咖啡厅
레스토랑	찬팅	餐厅
노래방	카라오케 / 꺼팅	卡拉OK / 歌厅

바	지우바	酒吧
연회장	옌후이팅	宴会厅
디스코홀, 클럽	디팅	迪厅
사우나	쌍나위	桑拿浴

서비스

룸서비스	팡지엔 쏭찬 푸우	房间送餐服务
모닝콜	찌아오싱 푸우	叫醒服务
세탁 서비스	시이 푸우	洗衣服务

체크인 · 체크아웃

체크인	루팡 셔우쉬	入房手续
체크아웃	튀이팡 셔우쉬	退房手续
여권	후쨔오	护照
체크인 카드	떵지카	登记卡
숙박비	쮸수페이	住宿费
팁	푸우페이	服务费
2박 3일	싼티엔 량예	三天兩夜

7

관광 필수 표현
여행자료 요청
혼자 여행할 때
소재지를 물을 때
길을 잃었을 때
단체 여행 합류
박물관
극장 관람
사진촬영
상황별 주요 단어

현지 관광

여행을 하면서 말을 가장 많이 겪게 되는 상황이 길을 묻거나 관광지 내에서 이것저것 물어보는 것입니다. 어떻게 해야 가장 원하는 답을 얻을 수 있는지 확인해 보세요.

관광 필수표현

_____은 어디인가요?

짜이 날
_____ 在哪儿?
zài nǎr?

▫관광안내소 **뤼여우씬시쫑신** 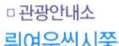 旅游信息中心 lǚyóu xìnxī zhōngxīn	▫놀이공원 **여우러위엔**  游乐园 yóulèyuán	▫극장 **쮜챵** 剧场 jùchǎng
▫입구 **루커우**  入口 rùkǒu	▫출구 **츄커우** 出口 chūkǒu	▫패스트푸드점 **콰이찬띠엔**  快餐店 kuàicāndiàn
▫선물가게 **리우샹띠엔**  礼物商店 lǐwù shāngdiàn	▫박물관 **보우관**  博物馆 bówùguǎn	▫공원 **꽁위엔**  公园 gōngyuán

관광 필수표현

_____은 어디에서 사요?

짜이 날 마이
_____ 在哪儿买?
zài nǎr mǎi?

□ 티켓 **먼피아오** 门票 ménpiào	□ 필름 **지아오쥐엔** 胶卷 jiāojuǎn	□ 건전지 **띠엔츠** 电池 diànchí
□ 엽서 **밍씬피엔** 明信片 míngxìnpiàn	□ 안내책자 **찌에샤오셔우처** 介绍手册 jièshào shǒucè	□ 기념품 **찌니엔핀** 纪念品 jìniànpǐn
□ 문구 **원쥐** 文具 wénjù	□ 음반 **쮸안지** 专辑 zhuānjí	□ 골동품 **구동** 古董 gǔdǒng

1 여행자료 요청

■ 실례합니다, 베이징에 어떤 관광지가 있나요?

请问, 在北京有哪些观光胜地?
Qǐngwèn, zài Běijīng yǒu nǎxiē guānguāng shèngdì?
칭원, 짜이 베이징 여우 나씨에 꾸안꽝 셩띠

■ 어디에서 시내 지도를 살 수 있나요?

在哪儿能买到城市地图?
Zài nǎr néng mǎidào chéngshì dìtú?
짜이 나알 넝 마이따오 청스 띠투

■ 베이징 시내지도 한 장만 주세요.

请给我一张北京市地图。
Qǐng gěi wǒ yì zhāng Běijīngshì dìtú.
칭 게이 워 이 쨩 베이징스 띠투

■ 한국어를 할 수 있는 가이드를 부르고 싶은데요.

我想要请一位会说韩语的导游。
Wǒ xiǎng yào qǐng yí wèi huì shuō Hányǔ de dǎoyóu.
워 시앙 야오 칭 이 웨이 후이 슈어 한위 더 다오여우

■ 하루 가이드 요청할 때 얼마지요?

请导游一天多少钱?
Qǐng dǎoyóu yì tiān duōshao qián?
칭 다오여우 이 티엔 뚜어샤오 치엔

2 혼자 여행할 때

■ 수고하십니다. 여기서 천안문까지 멉니까?

劳驾，从这儿到天安门远吗?
Láojià, cóng zhèr dào Tiān'ānmén yuǎn ma?
라오지아, 총 쩔 따오 티엔안먼 위엔 마

■ 별로 안 멀어요.

不太远。
Bú tài yuǎn.
부 타이 위엔

■ 이 길을 따라서 쭉 가세요.

请您一直走这条路。
Qǐng nín yìzhí zǒu zhè tiáo lù.
칭 닌 이즈 저우 쩌 티아오 루

■ 걸어서 10분이면 됩니다.

差不多走十分钟就到。
Chàbuduō zǒu shí fēnzhōng jiù dào.
차부뚸어 저우 스 펀중 지우 따오

■ 제 지도를 이용해서 다시 한번 설명해 주실래요?

请您用我的地图再说明一次，好吗?
Qǐng nín yòng wǒ de dìtú zài shuōmíng yícì hǎo ma?
칭 닌 용 워 더 띠투 짜이 슈어밍 이츠, 하오 마

3 소재지를 물을 때

■ 말씀 여쭐게요. 베이징우의상점이 어디입니까?

请问, 北京友谊商店在哪儿?
Qǐngwèn, Běijīng yǒuyì shāngdiàn zài nǎr?
칭원, 베이징 여우이 샹띠엔 짜이 나얼

■ 여기서 거기까지 어떻게 가지요?

从这儿到那儿怎么去?
Cóng zhèr dào nàr zěnme qù?
총 쩔 따오 날 전머 취

■ 차를 갈아타야 됩니까?

要换车吗?
Yào huànchē ma?
야오 환쳐 마

■ 몇 정거장을 가야 합니까?

要坐几站?
Yào zuò jǐ zhàn?
야오 쭈어 지 짠

■ 여기서부터 시작해서 여섯 정거장입니다.

从这儿开始坐六站。
Cóng zhèr kāishǐ zuò liù zhàn.
총 쩔 카이스 쭈어 리우 짠

4 길을 잃었을 때

■ 좀 물어볼게요, 여기가 왕푸징거리입니까?

请问一下, 这儿是不是王府井大街?
Qǐngwèn yíxià, zhèr shì bu shì Wángfǔjǐng dàjiē.
칭원 이시아, 쩔 스 부 스 왕푸징 따지에

■ 큰일났네요, 길을 잃었어요.

糟糕, 我迷路了.
Zāogāo, wǒ mílù le.
짜오까오, 워 미루 러

■ 저 좀 데려다 주세요.

请你带我去吧。
Qǐng nǐ dài wǒ qù ba.
칭 니 따이 워 취 바

■ 제게 길 안내 좀 해 주세요.

请您给我带路吧。
Qǐng nín gěi wǒ dàilù ba.
칭 닌 게이 워 따이루 바

■ 여기가 어딥니까? 어떻게 가야 합니까?

这儿是哪儿? 要怎么走?
Zhèr shì nǎr?　Yào zěnme zǒu?
쩔 스 나알?　야오 전머 저우

5 단체 여행 합류

■ 교외(시내)관광단체에 참여하고 싶습니다.

我想参加一个郊区(市区)旅游团。
Wǒ xiǎng cānjiā yí ge jiāoqū (shìqū) lǚyóutuán.
워 시앙 찬지아 이거 찌아오취 (스취) 뤼여우투안

■ 여행일정을 선택하세요.

请您选旅游路线。
Qǐng nín xuǎn lǚyóu lùxiàn.
칭 닌 쉬엔 뤼여우 루씨엔

■ 어떤 종류의 일정이 있습니까?

有几条旅游路线?
Yǒu jǐ tiáo lǚyóu lùxiàn?
여우 지 티아오 뤼여우 루씨엔

■ 일정은 어떻습니까?

全天的日程怎么安排?
Quántiān de rìchéng zěnme ānpái?
취엔티엔 더 르청 전머 안파이

■ 안내 책자 한 부 주세요.

请给我一份介绍手册。
Qǐng gěi wǒ yífèn jièshào shǒucè.
칭 게이 워 이펀 찌에샤오 셔우처

- 어디서 등록하지요?

    在哪儿报名?
    Zài nǎr bàomíng?
    짜이 나알 빠오밍

- 여기에 돈을 내시고, 이 표를 작성하시면 되요.

    在这儿交钱, 填这张表就可以了。
    Zài zhèr jiāoqián, tián zhè zhāng biǎo jiù kěyǐ le.
    짜이 쩔 찌아오치엔, 티엔 쩌 쨩 비아오 찌우 커이 러

- 내일 호텔로비에서 관광버스를 기다리세요.

    明天请您到大厅等游览车。
    Míngtiān qǐng nín dào dàtīng děng yóulǎnchē.
    밍티엔 칭 닌 따오 따팅 덩 여우란쳐

- 1인당 얼마죠?

    一个人多少钱?
    Yí ge rén duōshao qián?
    이 거 런 뚜어샤오 지엔

- 나이트투어 일정이 있습니까?

    有晚上的旅游路线吗?
    Yǒu wǎnshang de lǚyóu lùxiàn ma?
    여우 완샹 더 뤼여우 루씨엔 마

131

6 박물관

■ 말씀 여쭐게요. 어디에서 입장권을 삽니까?

请问，在哪儿买门票?
Qǐngwèn, zài nǎr mǎi ménpiào?
칭원, 짜이 나얼 마이 먼피아오

■ 박물관 내에 영어 안내원이 있습니까?

博物馆内有英语讲解员吗?
Bówùguǎn nèi yǒu Yīngyǔ jiǎngjiěyuán ma?
보우관 네이 여우 잉위 지앙지에위엔 마

■ 여기서부터 구경하기 시작합니까?

从这儿开始参观吗?
Cóng zhèr kāishǐ cānguān ma?
총 쩔 카이스 찬관 마

■ 관내에 무료 설명서가 있으니 가져가면 됩니다.

馆里有免费说明书，您可以拿。
Guǎnli yǒu miǎnfèi shuōmíngshū, nín kěyǐ ná.
관리 여우 미엔페이 슈어밍슈, 닌 커이 나

■ 여기의 주요 전시품은 어떤 것들이 있나요?

这儿主要有什么展品?
Zhèr zhǔyào yǒu shénme zhǎnpǐn?
쩔 주야오 여우 션머 잔핀

- 중국 고대 역사품, 골동품, 자기, 그림 등입니다.

  中国古代历史物品，古董，瓷器，画儿等。
  Zhōngguó gǔdài lìshǐwùpǐn, gǔdǒng, cíqì, huàr děng.
  쭝구어 구따이 리스우핀, 구동, 츠치, 활 덩

- 안에서 사진 찍어도 되나요?

  在里面可以照相吗？
  Zài lǐmiàn kěyǐ zhàoxiàng ma?
  짜이 리미엔 커이 쨔오씨앙 마

- 몇 시에 개관(폐관)합니까?

  几点开馆(闭馆)？
  Jǐ diǎn kāiguǎn (bìguǎn)?
  지 디엔 카이관(삐관)

7 극장 관람

■ 실례지만, 오늘 프로그램은 무엇입니까?

请问，今天有什么节目？
Qǐngwèn, jīntiān yǒu shénme jiémù?
칭원, 진티엔 여우 션머 지에무

■ 오늘은 중국 서커스를 공연합니다.

今天演中国杂技。
Jīntiān yǎn Zhōngguó zájì.
진티엔 옌 쭝구어 자지

■ 경극 상연은 없나요?

不演京剧吗？
Bù yǎn jīngjù ma?
뿌 옌 찡쥐 마

■ 저는 경극(서커스)을 보고 싶습니다.

我想看京剧(杂技)。
Wǒ xiǎng kàn jīngjù (zájì).
워 시앙 칸 찡쥐(자지)

■ 어떤 좌석으로 드릴까요?

要什么座位？
Yào shénme zuòwèi?
야오 션머 쭈어웨이

■ 좌석번호대로 앉아야 합니까?

> 要对号入座吗?
> Yào duìhào rùzuò ma?
> 야오 뚜이하오 루쭈어 마

■ 앞쪽 좌석으로 주세요.

> 请给我前排座位。
> Qǐng gěi wǒ qiánpái zuòwèi.
> 칭 게이 워 치엔파이 쭈어웨이

■ 몇 시에 시작하지요?

> 几点开始?
> Jǐ diǎn kāishǐ?
> 지 디엔 카이스

■ 어디에서 경극을 볼 수 있나요?

> 在哪儿能看京剧?
> Zài nǎr néng kàn jīngjù?
> 짜이 나알 넝 칸 찡쥐

■ 북경 극장이 어디 있습니까?

> 北京剧场在哪儿?
> Běijīng jùchǎng zài nǎr?
> 베이징 쮜창 짜이 나알

8 사진촬영

■ 실례지만, 사진 좀 찍어 주실래요?

麻烦您,请帮我照相好吗?
Máfan nín, qǐng bāng wǒ zhàoxiàng hǎo ma?
마판 닌, 칭 빵 워 쨔오씨앙 하오 마

■ 이 사진기 어떻게 사용해요?

这个照相机怎么用?
Zhè ge zhàoxiàngjī zěnme yòng?
쩌 거 쨔오씨앙지 전머 용

■ 이 셔터만 누르시면 되요.

您按一下这个快门就行了。
Nín àn yíxià zhè ge kuàimén jiù xíng le.
닌 안 이시아 쩌 거 콰이먼 찌우 씽 러

■ 알겠습니다. 자 웃으세요. 하나, 둘, 셋.

明白了。请笑一下,一、二、三。
Míngbai le. Qǐng xiào yíxià, yī, èr, sān.
밍바이 러. 칭 씨아오 이시아, 이, 얼, 싼

■ 저하고 같이 한 장 찍으실래요?

您可以跟我合照一张吗?
Nín kěyǐ gēn wǒ hézhào yì zhāng ma?
닌 커이 껀 워 허쨔오 이 쨩 마

■ 당신을 찍어도 됩니까?

可以照你吗?
Kěyǐ zhào nǐ ma?
커이 쨔오 니 마

■ 사진 촬영 금지

禁止拍照。
Jìnzhǐ pāizhào.
진즈 파이쨔오

■ 배터리를 갈아야겠어요.

得换电池了。
Děi huàn diànchí le
데이 환 띠엔츠 러

■ 어디에서 필름과 건전지를 살 수 있나요?

在哪儿能买到胶卷和电池?
Zài nǎr néng mǎidào jiāojuǎn hé diànchí?
짜이 나알 넝 마이따오 지아오쥐엔 허 띠엔츠

■ 컬러필름 한 통하고 건전지 하나 주세요.

我要一卷彩色胶卷和一个电池。
Wǒ yào yì juǎn cǎisè jiāojuǎn hé yí ge diànchí.
워 야오 이 쥐엔 차이써 찌아오쥐엔 허 이 거 띠엔츠

쇼핑 필수 표현

백화점에서

시장에서

가격 흥정

교환 환불

가격 흥정

기타 표현

상황별 주요 단어

쇼핑 즐기기

여행에서 빼놓을 수 없는 것이 바로 쇼핑입니다. 일부 사람들은 쇼핑을 목적으로 여행에 나서기도 하는데요. 원하는 물건을 사기 위해서는 어떻게 말해야 하는지 확인해 보세요.

알고 갑시다

쇼핑의 기초 지식

중국에서 쇼핑할 때 꼭 기억해둬야 할 것은 무조건 깎고 봐야 한다는 것입니다. 중국인들은 외국인이라고 판단되면 터무니없이 비싼 가격을 부르는 경우가 많아서 그대로 믿고 샀다가는 바가지 쓰기가 십상입니다. 보통은 2배에서 10배까지 부르기도 하므로 50-80%는 깎아야 한다는 마음으로 쇼핑하세요.

흥정을 잘 해야한다

자유시장이나 관광지 기념품 가게에서는 특히 흥정을 잘 해야합니다. 외국인인 경우 보통 계산기에 가격을 찍어서 보여주는데 70~80%까지 깎아보고 안 된다고 하면 바로 돌아서서 가버리세요. 그럼 분명히 다시 잡고 흥정하려 할 것입니다.

가격이 천차만별이다

중국은 같은 물건이라 해도 파는 사람에 따라 또 얼마나 깎았느냐에 따라 가격 차이가 많이 납니다. 따라서 바가지를 쓰지 않으려면 되도록 많이 돌아보고 가장 싼 곳을 찾아 구입해야 합니다. 피곤하게 느껴질 수 있지만 흥정에 재미를 붙이면 중국에서만 맛볼 수 있는 쇼핑의 묘미를 느낄 수 있습니다.

가짜가 많다

중국에서 쇼핑을 할 때 또 한 가지 주의해야 할 점은 모조품이 많다는 것입니다. 싸게 잘 사는 것도 중요하지만 진품을 사고 싶은 경우에는 외국인 전용 상점이나 백화점 등에서 사는 것이 안전합니다.

쇼핑 장소

❶ 자유시장

가격 흥정에 따라 아주 싸게 살 수 있다는 장점이 있지만, 싼 만큼 질 좋은 상품을 기대하긴 어렵습니다. 하지만 여러 가지 상품이 정말 저렴한 가격에 판매되는 곳이고 중국인들과 흥정의 묘미를 느낄 수 있는 곳이므로 한번 정도 찾아가 보면 중국인의 삶을 피부로 느낄 수 있을 것입니다.

❷ 호텔 내의 상점

대부분의 고급 호텔에는 호텔 안에 상점이 있습니다. 품목은 다양하지 않지만 믿을 수 있는 상품을 취급하므로 조금 비싸더라도 질 좋은 상품을 원한다면 이용해 봐도 괜찮을 거예요. 이곳에서도 사는 사람의 능력에 따라 어느 정도 흥정이 가능합니다.

❸ 백화점

중국의 대도시에는 대규모의 백화점이 많이 들어서 있습니다. 이곳에는 중국 국내 상품뿐만 아니라 외국 유명 브랜드 제품까지 매우 다양하게 진열되어 있습니다.

쇼핑 필수표현

_____을(를) 찾고 있어요.

워 야오
我要_____。
Wǒ yào

□ 와이셔츠 **천샨** 衬衫 chènshān	□ 외투 / 점퍼 **와이타오** 外套 wàitào	□ 치마 **췬즈** 裙子 qúnzi
□ 바지 **쿠즈** 裤子 kùzi	□ 반바지 **두안쿠** 短裤 duǎnkù	□ 청바지 **니우자이쿠** 牛仔裤 niúzǎikù
□ 속옷 **내이이** 内衣 nèiyī	□ 모자 **마오즈** 帽子 màozi	□ 신발 **시에즈** 鞋子 xiézi

쇼핑 필수표현

_____을(를) 보여주세요.

칭 게이 워 칸칸
请给我看看_____。
Qǐng gěi wǒ kànkan!

▫이것 쩌거	▫저것 / 그것 나거	▫큰 것 따더
这个 zhè ge	那个 nà ge	大的 dà de
▫작은 것 시아오더	▫싼 것 피엔이더	▫더 좋은 것 껑 하오더
小的 xiǎo de	便宜的 piányi de	更好的 gèng hǎo de
▫다른 것 뿌이양더	▫한 치수 큰 거 따 이하오더	▫다른 색상 비에더 옌써
不一样的 bù yíyàng de	大一号的 dà yí hào de	别的颜色 biéde yánsè

1 백화점에서

■ 어서 오세요. 무엇을 드릴까요?

欢迎。您要什么?
Huānyíng, nín yào shénme?
환잉, 닌 야오 션머

■ 중국특산품을 사려고요.

我想买一些中国特产品。
Wǒ xiǎng mǎi yìxiē Zhōngguó tèchǎnpǐn.
워 시앙 마이 이씨에 쭝구어 터챤핀

■ 한국 친구들에게 기념품으로 줄 거예요.

我想送给韩国朋友做纪念的。
Wǒ xiǎng sònggěi Hánguó péngyou zuò jìniàn de.
워 시앙 쏭게이 한구어 펑여우 쭈어 지니엔 더

■ 그래요? 좀 보여주세요.

是吗? 请给我看一下。
Shì ma? Qǐng gěi wǒ kàn yíxià.
스 마? 칭 게이 워 칸 이시아

■ 부채 다섯 개만 주세요.

我要买五把扇子。
Wǒ yào mǎi wǔ bǎ shànzi.
워 야오 마이 우 바 샨즈

2 시장에서

■ 좀 여쭐게요. 이 거리에선 어떤 물건을 팝니까?

请问, 这条街都卖什么东西?
Qǐngwèn, zhè tiáo jiē dōu mài shénme dōngxi?
칭원,　저 티아오 찌에 떠우 마이 션머 똥시

■ 전문적으로 차만 파는 상점은 없나요?

有没有专卖茶的商店?
Yǒu méiyǒu zhuānmài chá de shāngdiàn?
여우 메이여우 쭈안마이 챠 더 샹띠엔

■ 너무 비싸요! 좀 싸게 해주실 수 없어요?

太贵了! 能不能便宜一点?
Tài guì le! Néng bu néng piányi yìdiǎn?
타이 꾸이 러 넝 뿌 넝 피엔이 이디엔

■ 안돼요. 이미 굉장히 싼 겁니다.

不行, 已经很便宜了。
Bùxíng, yǐjing hěn piányi le.
뿌씽,　이징 헌 피엔이 러

■ 중국차 좀 사려고 합니다.

我想买一些中国茶。
Wǒ xiǎng mǎi yìxiē Zhōngguóchá.
워 시앙 마이 이씨에 쭝구어챠

3 가격 흥정

■ 무엇을 사려구요?

您要买什么?
Nín yào mǎi shénme?
닌 야오 마이 션머

■ 이것 어떻게 팔지요?

这个怎么卖?
Zhè ge zěnme mài?
쩌 거 전머 마이

■ 좀 더 싼 것은 없나요?

有没有再便宜一点的?
Yǒu méiyǒu zài piányi yìdiǎn de?
여우 메이여우 짜이 피엔이 이디엔 더

■ 이것은 얼마입니까?

这个多少钱?
Zhè ge duōshao qián?
쩌 거 뚜어샤오 치엔

■ 그렇게 비쌀리가요?

不应该那么贵吧?
Bù yīnggāi nàme guì ba?
뿌 잉까이 나머 꾸이 바

- 이렇게 비싸면 전 사기가 어렵네요.

    这么贵, 我买不起。
    Zhème guì, wǒ mǎibuqǐ.
    쩌머 꾸이, 워 마이부치

- 다른 상점 좀 둘러볼게요.

    我想去看看别的商店。
    Wǒ xiǎng qù kànkan biéde shāngdiàn.
    워 시앙 취 칸칸 비에더 샹띠엔

- 싸게 해 드리지요. 10%할인해드리면 되겠죠.

    好啦, 给你便宜一点儿, 打九折行了吧。
    Hǎo la, gěi nǐ piányī yídiǎnr, dǎ jiǔ zhé xíng le ba.
    하오 라, 게이 니 피엔이 이디얼, 다 지우 저 씽 러 바

- 안 돼요, 벌써 손해났는 걸요.

    不行, 已经赔钱了。
    Bùxíng, yǐjīng péiqián le.
    뿌씽, 이징 페이치엔 러

- 알겠어요, 당신이 이긴 걸로 합시다.

    好吧, 算你赢了。
    Hǎo ba, suàn nǐ yíng le.
    하오 바, 쑤안 니 잉 러

4 교환 환불

■ 이 물건을 바꾸려구요.

我要换这个东西。
Wǒ yào huàn zhè ge dōngxi.
워 야오 환 쩌 거 똥시

■ 어찌된 거죠?

怎么了?
Zěnme le?
전머 러

■ 호텔에 돌아가 시험해보니 움직이질 않더라구요.

我回饭店试了试,它不动。
Wǒ huí fàndiàn shì le shì, tā bú dòng.
워 후이 판띠엔 스 러 스, 타 부 똥

■ 제게 물건과 영수증 좀 보여주세요.

给我看看东西和收据。
Gěi wǒ kànkan dōngxi hé shōujù.
게이 워 칸칸 똥시 허 셔우쥐

■ 문제가 있는 것 아니에요?

是不是有毛病?
Shì bu shì yǒu máobìng?
스 부 스 여우 마오삥

- **다른 것으로 바꾸실래요?**

    您要换别的吗?
    Nín yào huàn biéde ma?
    닌 야오 환 비에더 마

- **환불하고 싶어요.**

    我想退款。
    Wǒ xiǎng tuìkuǎn.
    워 시앙 투이콴

- **여기선 환불이 안 됩니다.**

    我们这儿不能退货。
    Wǒmen zhèr bù néng tuìhuò.
    워먼 쩔 뿌 넝 투이후어

- **다른 것으로 고르세요.**

    请您挑别的。
    Qǐng nín tiāo biéde.
    칭 닌 티아오 비에더

5 기타 표현

■ 실례합니다. 구두를 사고 싶은데요.

劳驾，我想买皮鞋。
Láojià, wǒ xiǎng mǎi píxié.
라오지아, 워 시앙 마이 피시에

■ 저것을 보고 싶은데요.

我想看看那个
Wǒ xiǎng kànkan nàge.
워 시앙 칸칸 나거

■ 꺼내서 보여주실래요?

拿出来看看好吗?
Náchūlái kànkan hǎo ma?
나츄라이 칸칸 하오 마

■ 다른 것을 좀 보여주세요.

请给我看看别的。
Qǐng gěi wǒ kànkan biéde.
칭 게이 워 칸칸 비에더

■ 무슨 색이 있나요? / 다른 색 있나요?

有什么颜色? / 有别的颜色吗?
Yǒu shénme yánsè? / Yǒu biéde yánsè ma?
여우 션머 옌써 / 여우 비에더 옌써 마

- 좀 더 큰(작은) 것도 있나요?

    有没有再大(小)一点的?
    Yǒu méiyǒu zài dà (xiǎo) yìdiǎn de?
    여우 메이여우 짜이 따 (씨아오) 이디엔더

- 다른 스타일은 없습니까?

    有没有别的样式?
    Yǒu méiyǒu biéde yàngshì?
    여우 메이여우 비에더 양스

- 실크(면)로 된 것은 없습니까?

    有没有用丝绸(棉布)作的?
    Yǒu méiyǒu yòng sīchóu (miánbù) zuòde?
    여우 메이여우 용 쓰쳐우 (미엔뿌) 쭈어더

- 구두가 있습니까?

    有没有皮鞋?
    Yǒu méiyǒu píxié?
    여우 메이어우 피시에

- 이것(저것)으로 주세요.

    我要这个(那个)。
    Wǒ yào zhège (nàge).
    워 야오 쩌거 (나거)

상황별 주요 단어

쇼핑

흥정하다	타오찌아 환찌아	讨价还价
바가지 씌우다	치아오쥬깡	敲竹杠
계산하다	쑤안짱	算帐
교환하다	투이환	退换
반품하다	투이후어	退货
입어보다	스츄안	试穿
진품	쩡핀	正品
가짜상품	지아후어	假货
인기상품	치앙셔우후어	抢手货

의류

아동복	통쥬앙	童装
스웨터	마오이	毛衣
외투	와이타오	外套
티셔츠	티쉬샨	T恤衫
와이셔츠	천샨	衬衫
바지	쿠즈	裤子
청바지	니우자이쿠	牛仔裤
치마	췬즈	裙子
원피스	리엔이췬	连衣裙
속옷	내이이	内衣

브래지어	씨옹쨔오	胸罩
팬티	네이쿠	内裤
스타킹	쓰와	丝袜
양말	와즈	袜子

잡화

신발	시에	鞋
모자	마오즈	帽子
스카프	웨이진	围巾
벨트	야오따이	腰带
넥타이	링따이	领带
지갑	치엔빠오	钱包
손가방	티빠오	提包
가죽가방	피빠오	皮包

액세서리

반지	찌에즈	戒指
목걸이	씨앙리엔	项链
귀걸이	얼환	耳环
손목시계	셔우비아오	手表
안경	옌찡	眼镜
선글라스	타이양 옌찡	太阳眼镜

공공시설 필수 표현

전화이용

호텔룸에서 국제전화

수신자 부담 전화

팩스

은행 이용

우체국 이용

병원이용

상황별 주요 단어

공공시설 이용

여행을 하다 보면 한국으로 전화를 하거나 짐을 부치거나 은행에서 현금을 찾는 등의 일로 중국어를 사용해야 할 상황이 생기게 됩니다. 어떻게 말해야 하는지 살펴보세요.

알고 갑시다

전화

요즘엔 중국에서도 핸드폰을 많이 사용하여 거리에서 공중전화를 쉽게 찾아보기는 어렵습니다. 공중전화를 사용해야 하는 경우 어디에 있는지 먼저 묻고 카드를 구입한 후에 사용하도록 합니다. 카드는 IC카드(우리나라 전화카드와 동일)와 IP카드(비밀번호를 벗겨내고 카드 연결번호를 누르고 사용)가 있는데 매점이나 호텔 카운터 등지에서 구입할 수 있습니다.

규모가 큰 호텔인 경우 객실에서 바로 국제 통화가 가능하고 규모가 적은 호텔이라도 프런트에서는 국제전화를 할 수 있는 곳이 많습니다.

국제 전화를 할 경우

00(국제전화)-82(나라번호)-지역번호 0을 생략한 한국 전화번호를 누르면 됩니다. 호텔에서 건다면 호텔 외선번호를 먼저 누른 뒤에 이 번호들을 누르면 되는데 호텔 전화인 경우 기본 전화 요금 외에 호텔의 서비스 요금이 10-15% 정도 추가됩니다.

수신자 부담 국제 전화

한국통신을 이용할 때 접속번호는 108-821이며, 데이콤은 108-828입니다. 콜렉트 콜 번호를 누르고 전화가 연결되면 한국 안내원이 전화를 받는데 상대방 전화번호를 알려주면 통화할 수 있습니다.

우체국 이용

우편

중국의 우체국 업무시간은 연중무휴로 오전 9시~ 오후 5까지입니다.

일반우편
중국 내 : 7일 소요
기본요금 : 0.6위엔
국제 : 15일 소요
기본요금 : 5위엔

등기우편
중국 내 : 2-3일 소요
요금 : 0.6위엔 + 등기수수료 3위엔
국제 : 4-5일 소요
요금 : 5위엔 + 등기수수료 8위엔

EMS
기본요금 : 국내 - 20위엔(500g 이하)
한국 - 115위엔(500g 이하)

소포

한국으로 소포를 보내는 방법은 항공편이나 택배, 선박을 이용하는 세 가지 방법이 있습니다.
항공편은 빨리 도착하지만 요금이 비싸고 선박편은 시간이 오래 걸리는 대신 요금이 저렴한 장단점이 있습니다.

항공편은 베이징에서 서울까지 4~5일이 소요되는데, EMS로 보내면 2~3일 안에 도착하고, 선박편은 우리나라까지 20~30일 가량이 소요됩니다.
소포인 경우 우체국에서 내용물 검사를 하므로 너무 예쁘게 포장해서 가져가지 않는 게 좋습니다.

공공시설 필수 표현

이 근처에 _____ 이 있습니까?

쩌 푸진 여우 메이여우.
这附近有没有_____?
Zhè fùjìn yǒu méiyǒu

□ 공중전화 꽁용띠엔화	□ 도서관 투슈관	□ 파출소 파이츄수어
公用电话 gōngyòng diànhuà	图书馆 túshūguǎn	派出所 pàichūsuǒ

□ 은행 인항	□ 버스터미널 창투치쳐짠	□ 병원 이위엔
银行 yínháng	长途汽车站 chángtú qìchēzhàn	医院 yīyuàn

□ 약국 야오팡	□ 호텔 판디엔	□ 우체국 여우쥐
药房 yàofáng	饭店 fàndiàn	邮局 yóujú

1 전화이용

■ 공중전화가 어디 있습니까?

公用电话在哪儿?
Gōngyòng diànhuà zài nǎr?
꽁용 띠엔화 짜이 나알

■ 전화 좀 빌려 쓸 수 있나요?

能不能借电话?
Néng bu néng jiè diànhuà?
넝 뿌 넝 찌에 띠엔화

■ 얼마를 넣어야 합니까?

要投多少钱?
Yào tóu duōshao qián?
야오 터우 뚜어샤오 치엔

■ 베이징호텔의 전화번호가 몇 번입니까?

北京饭店的电话号码是多少?
Běijīng fàndiàn de diànhuà hàomǎ shì duōshao?
베이징 판띠엔 더 띠엔화 하오마 스 뚜어샤오

■ 먼저 몇 번을 눌러야 합니까?

先拨几号?
Xiān bō jǐ hào?
씨엔 뽀 지 하오

■ 미안합니다, 잘 안 들리는데요.

> 对不起，听不清楚。
> Duìbuqǐ, tīng bu qīngchu.
> 뚜이부치, 팅 부 칭추

■ 1012호실 좀 바꿔 주세요.

> 请转1012房间。
> Qǐng zhuǎn yāo líng yāo èr fángjiān.
> 칭 쥬안 야오 링 야오 얼 팡지엔

■ 대한씨 계십니까? / 민주씨 계십니까?

> 大韩先生在吗? / 民主小姐在吗?
> Dàhán xiānsheng zài ma? / Mínzhǔ xiǎojie zài ma?
> 따한 씨엔성 짜이 마 / 민주 시아오지에 짜이 마

■ 외출했는데요, 부재중입니다.

> 出去了, 不在。
> Chūqù le, búzài.
> 츄취 러, 부짜이

■ 언제 돌아옵니까?

> 什么时候回来?
> Shénme shíhou huílai?
> 션머 스허우 후이라이

■ 다시 전화 드리지요.

> 我过一会儿再打。
> Wǒ guò yíhuìr zài dǎ.
> 워 꾸어 이후얼 짜이 다

■ 그에게 전해주시겠어요?

> 能不能转告他?
> Néng bu néng zhuǎngào tā.
> 넝 뿌 넝 쥬안까오 타

■ 그에게 제게 전화 좀 달라고 해주세요.

> 请让他给我回个电话。
> Qǐng ràng tā gěi wǒ huí ge diànhuà.
> 칭 랑 타 게이 워 후이 거 띠엔화

■ 한국어(영어) 하는 분 없습니까?

> 有没有讲韩语(英语)的人?
> Yǒu méiyǒu jiǎng Hányǔ (Yīngyǔ) de rén?
> 어우 메이여우 지앙 한위 (잉위) 더 런

■ 메모를 남기세요.

> 请留言。
> Qǐng liúyán.
> 칭 리우옌

2 호텔룸에서 국제전화

■ 교환입니다, 안녕하세요!

总机，您好!
Zǒngjī nín hǎo!
종지, 닌 하오

■ 한국에 국제 전화를 대신 좀 걸어 주시겠습니까?

请帮我打电话到韩国。
Qǐng bāng wǒ dǎ diànhuà dào Hánguó.
칭 빵 워 다 띠엔화 따오 한구어

■ 한국 대전으로 국제전화 한 통 하려고 합니다.

我想打一个国际电话到韩国大田。
Wǒ xiǎng dǎ yíge guójì diànhuà dào Hánguó Dàtián.
워 시앙 다 이 거 구어찌 띠엔화 따오 한구어 따티엔

■ 국가(지역) 코드가 뭔가요?

国家(地区)代码是多少?
Guójiā (dìqū) dàimǎ shì duōshǎo?
구어지아 (띠취) 따이마 스 뚜어샤오

■ 번호는요?

号码是多少?
Hàomǎ shì duōshao?
하오마 스 뚜어샤오

- 82-42-733-2345

  八二 四二 七三三 二三四五。
  Bā èr sì èr qī sān sān èr sān sì wǔ
  빠 얼 쓰 얼 치 싼 싼 얼 싼 쓰 우

- 지명통화입니까, 아니면 지정번호 통화입니까?

  叫人还是叫号?
  Jiàorén háishi jiàohào?
  찌아오런 하이스 찌아오하오

- 사람을 지정하겠어요. (누구든 괜찮습니다.)

  叫人。(谁都可以。)
  Jiàorén. (Shéi dōu kěyǐ.)
  찌아오런 (셰이 떠우 커이)

- 전화 받는 사람의 이름을 말씀하세요.

  请说接电话人的名字。
  Qǐng shuō jiē diànhuà rén de míngzi.
  칭 슈어 지에 띠엔화 런 더 밍쯔

- 손님의 객실번호와 존함을 말씀하세요.

  请告诉我您的房间号码和名字。
  Qǐng gàosu wǒ nín de fángjiānhàomǎ hé míngzi.
  칭 까오쑤 워 닌 더 팡지엔하오마 허 밍쯔

3 수신자 부담 전화

■ 수신자 부담으로 국제전화 한 통 하려고 합니다.

我想打一个对方付款的国际电话。
Wǒ xiǎng dǎ yí ge duìfāng fùkuǎn de guójì diànhuà.
워 시앙 다 이 거 뚜이팡 푸콴 더 구어지 띠엔화

■ 어디에 거실 겁니까?

打到哪儿?
Dǎ dào nǎr?
다 따오 나알

■ 한국 서울입니다.

韩国首尔。
Hánguó Shǒu'ěr.
한구어 셔우얼

■ 누구에게 거십니까?

打给谁?
Dǎ gěi shéi?
다 게이 셰이

■ 집으로 거는 겁니다.

打我家里。
Dǎ wǒ jiāli.
다 워 지아리

■ 누구라도 괜찮습니까?

　　谁都可以吗?
　　Shéi dōu kěyǐ ma?
　　셰이 떠우 커이 마

■ 성함과 연락할 전화번호를 알려 주세요.

　　请告诉我您的名字和联络电话。
　　Qǐng gàosu wǒ nín de míngzi hé liánluò diànhuà.
　　칭 까오쑤 워 닌 더 밍쯔 허 리엔루워 띠엔화

■ 콜렉트콜로 한국에 전화하려 합니다.

　　我想往韩国打对方付款电话。
　　Wǒ xiǎng wǎng Hánguó dǎ duìfāng fùkuǎn diànhuà.
　　워 시앙 왕 한구어 다 뚜이팡 푸콴 띠엔화

■ 국제부 교환원 좀 부탁드립니다.

　　请接国际台的话务员。
　　Qǐng jiē guójìtái de huàwùyuán.
　　칭 지에 구어찌타이 더 화우위엔

■ 서울로 번호지정통화를 하려고 합니다.

　　我要往首尔打叫号电话。
　　Wǒ yào wǎng Shǒu'ěr dǎ jiàohào diànhuà.
　　워 야오 왕 셔우얼 다 찌아오하오 띠엔화

■ 상대방 전화번호를 말씀해 주세요.

请说对方的电话号码。
Qǐng shuō duìfāng de diànhuà hàomǎ.
칭 슈어 뚜이팡 더 띠엔화 하오마

■ 당신의 이름과 객실번호를 알려주세요.

请告诉我你的名字和房间号码。
Qǐng gàosu wǒ nǐ de míngzi hé fángjiān hàomǎ.
칭 까오쑤 워 니 더 밍쯔 허 팡지엔 하오마

■ 끊지 말고 기다리세요.

别挂电话，请等一下。
Bié guà diànhuà, qǐng děng yíxià.
비에 꽈 띠엔화, 칭 덩 이시아

■ 얼마나 걸립니까?

需要多长时间?
Xūyào duōcháng shíjiān?
쉬야오 뚜어챵 스지엔

■ 잠시 후 다시 한 번 걸어주세요.

请过一会儿再打一下。
Qǐng guò yíhuìr zài dǎ yíxià.
칭 꾸어 이후얼 짜이 다 이시아

■ 연결됐습니다, 말씀하세요.

接通了，请讲话。
Jiētōng le, qǐng jiǎnghuà.
지에통 러, 칭 지앙화

■ 수신자 부담으로 하겠습니다.

请让对方付钱。
Qǐng ràng duìfāng fùqián.
칭 랑 뚜이팡 푸치엔

■ 전화비는 제가 지불합니다.

电话费由我付。
Diànhuàfèi yóu wǒ fù.
띠엔화페이 여우 워 푸

■ 말씀 끝나셨나요?

讲完了吗?
Jiǎng wán le ma?
지앙 완 러 마

■ 전화비 좀 알려 주세요.

请告诉我电话费。
Qǐng gàosu wǒ diànhuàfèi.
칭 까오쑤 워 띠엔화페이

4 팩스

■ 여기 팩스 보낼 곳이 있습니까?

请问, 这儿有发传真的地方吗?
Qǐngwèn, zhèr yǒu fā chuánzhēn de dìfang ma?
칭원,　쩔　여우 파 츄안쩐 더 띠팡 마

■ 비즈니스센터로 가십시오.

请到商务中心。
Qǐng dào shāngwù zhōngxīn.
칭 따오 샹우 쫑씬

■ 서울로 팩스 한 장 보내려고요.

我想发一张到首尔的传真。
Wǒ xiǎng fā yì zhāng dào Shǒu'ěr de chuánzhēn.
워 시앙 파 이 짱 따오 셔우얼 더 츄안쩐

■ 송신용지를 드리겠습니다.

给您传真纸。
Gěi nín chuánzhēnzhǐ.
게이 닌 츄안쩐즈

■ 송신내용과 상대방의 팩스번호를 써 주세요.

请写传真的内容和对方的传真号码。
Qǐng xiě chuánzhēn de nèiróng hé duìfāng de chuánzhēn hàomǎ.
칭 씨에 츄안쩐 더 네이롱 허 뚜이팡 더 츄안쩐하오마

■ 팩스 한 장 보내는데 얼마입니까?

发一张传真多少钱?
Fā yì zhāng chuánzhēn duōshao qián?
파 이 쨩 츄안쩐 뚜어샤오 치엔

■ 모두 얼마입니까?

一共多少钱?
Yígòng duōshao qián?
이꽁 뚜어샤오 치엔

■ 보내졌습니까?

发好了吗?
Fā hǎo le ma?
파 하오 러 마

■ 보내졌습니다.

发好了。
Fā hǎo le.
파 하오 러

■ 다시 한 번 보내세요.

再发一次。
Zài fā yí cì.
짜이 파 이츠

5 은행 이용

■ 달러를 인민폐로 바꾸려고 합니다.

我想把美元换成人民币。
Wǒ xiǎng bǎ měiyuán huànchéng rénmínbì.
워 시앙 바 메이위엔 환청 런민삐

■ 여기에서 외화를 바꿀 수 있습니까?

在这儿可以兑换外币吗?
Zài zhèr kěyǐ duìhuàn wàibì ma?
짜이 쩔 커이 뚜이환 와이삐 마

■ 이 환전표를 작성하세요.

请填这张兑换单。
Qǐng tián zhè zhāng duìhuàndān.
칭 티엔 쩌 장 뚜이환딴

■ 먼저 신분증을 보여 주십시오.

请先给我看证件。
Qǐng xiān gěi wǒ kàn zhèngjiàn.
칭 씨엔 게이 워 칸 쩡지엔

■ 이 환전신청서를 작성해주세요.

请您填这张外汇兑换单。
Qǐng nín tián zhè zhāng wàihuì duìhuàndān.
칭 닌 티엔 쩌 쨩 와이후이 뚜이환딴

■ 이렇게 쓰면 됩니까?

> 这样写就可以吗?
> Zhèyàng xiě jiù kěyǐ ma?
> 쩌양 씨에 찌우 커이 마

■ 여기 현금자동인출기가 있나요?

> 请问, 这儿有自动取款机吗?
> Qǐngwèn, zhèr yǒu zìdòng qǔkuǎnjī ma?
> 칭원, 쩔 여우 쯔똥 취콴지 마

■ 신용카드로 현금 서비스를 받을 수 없나요?

> 这银行里不能用信用卡提款吗?
> Zhè yínháng li bùnéng yòng xìnyòngkǎ tíkuǎn ma?
> 저 인항 리 뿌넝 용 씬용카 티콴 마

■ 2층의 신용카드 관리부로 찾아가세요.

> 请到二楼信用卡部。
> Qǐng dào èr lóu xìnyòngkǎ bù.
> 칭 따오 얼 러우 씬용카 뿌

■ 말씀 좀 여쭐게요. 여기서 VISA카드 받나요?

> 请问一下儿, 这儿收VISA卡吗?
> Qǐngwèn yíxiàr, zhèr shōu VISA kǎ ma?
> 칭원 이시알, 쩔 셔우 VISA 카 마

- 당신의 신용카드와 여권을 주세요.

  给我您的信用卡和护照。
  Gěi wǒ nín de xìnyòngkǎ hé hùzhào.
  게이 워 닌 더 씬용카 허 후쨔오

- 이 표를 작성하세요.

  请填这张表。
  Qǐng tián zhè zhāng biǎo.
  칭 티엔 쩌 쨩 비아오

- 먼저 얼마가 필요하신지 쓰시고, 밑에 사인하세요.

  先写需要多少钱，在下边签名。
  Xiān xiě xūyào duōshao qián, zài xiàbiān qiānmíng.
  씨엔 씨에 쉬야오 뚜어샤오 치엔, 짜이 씨아삐엔 치엔밍

- 실례지만 어디에서 환전할 수 있나요?

  请问，在哪儿可以换钱?
  Qǐngwèn, zài nǎr kěyǐ huànqián?
  칭원,　짜이 나알 커이 환치엔

- 여행자수표로 환전이 가능합니까?

  可以用旅行支票换钱吗?
  Kěyǐ yòng lǚxíngzhīpiào huànqián ma?
  커이 용 뤼씽 즈피아오 환치엔 마

■ 갖은자로 쓰세요.

请大写。
Qǐng dà xiě.
칭 따 씨에

■ 영수증을 주세요.

请给我收据。
Qǐng gěi wǒ shōujù.
칭 게이 워 셔우쥐

■ 10위안짜리로 몇 장 주세요.

请给几张十块钱的。
Qǐng gěi jǐ zhāng shí kuài qián de.
칭 게이 지 장 스 콰이치엔 더

■ 잔돈을 좀 섞어 주세요.

请给一些零钱。
Qǐng gěi yixiē língqián.
칭 게이 이씨에 린치엔

6 우체국 이용

■ 국제우편 한 통 보내려고 합니다.

我想寄一封航空信
Wǒ xiǎng jì yì fēng hángkōngxìn.
워 시앙 찌 이 펑 항콩씬

■ 한국의 서울에 부칠 겁니다.

寄到韩国首尔
Jì dào Hánguó Shǒu'ěr.
찌 따오 한구어 셔우얼

■ 보통우편으로 하실래요, 등기로 하실래요?

您要平信还是挂号?
Nín yào píngxìn háishi guàhào?
닌 야오 핑씬 하이스 꽈하오

■ 먼저 편지 좀 달아보구요.

先称一下您的信
Xiān chēng yíxià nín de xìn.
씨엔 청 이시아 닌 더 씬

■ 6위안짜리 우표를 붙이세요.

您要贴六块的邮票。
Nín yào tiē liù kuài de yóupiào.
닌 야오 티에 리우 콰이 더 여우피아오

- 여기서 한국까지 얼마나 걸립니까?

    从这儿到韩国需要多长时间?
    Cóng zhèr dào Hánguó xūyào duōcháng shíjiān?
    총 쩔 따오 한구어 쉬야오 뚜어챵 스지엔

- 우표 한 장 주세요.

    请给我一张邮票。
    Qǐng gěi wǒ yì zhāng yóupiào.
    칭 게이 워 이 쨩 여우피아오

- 한국으로 책 몇 권을 보내려고 합니다.

    我想寄几本书到韩国。
    Wǒ xiǎng jì jǐ běn shū dào Hánguó.
    워 시앙 찌 지 번 슈 따오 한구어

- 먼저 좀 열어 보실래요.

    请先打开一下。
    Qǐng xiān dǎkāi yíxià.
    칭 씨엔 다카이 이시아

- 부치는 물건은 꼭 검사해야 돼요. 저희 규정입니다.

    寄东西一定要检查, 这是我们的规定。
    Jì dōngxi yídìng yào jiǎnchá, zhè shì wǒmen de guīdìng.
    찌 똥시 이띵 야오 지엔챠, 쩌 스 워먼 더 꾸이띵

- 이 두 권에 대한 관련기관의 증명이 있습니까?

    这两本有没有有关单位的证明?
    Zhè liǎng běn yǒu méiyǒu yǒuguān dānwèi de zhèngmíng?
    저 량 번 여우 메이여우 여우꾸안 딴웨이 더 쩡밍

- 이 두 권은 국외로 부칠 수 없습니다.

    您这两本书不能寄到国外了。
    Nín zhè liǎng běn shū bù néng jì dào guówài le.
    닌 쩌 량 번 슈 뿌넝 지 따오 구어와이 러

- 10위안짜리 우표를 사십시오.

    请您买十块的邮票。
    Qǐng nín mǎi shí kuài de yóupiào.
    칭 닌 마이 스 콰이 더 여우피아오

- 이 편지는 등기로 해 주세요.

    这个信要挂号。
    Zhè ge xìn yào guàhào.
    쩌 거 씬 야오 꽈하오

- 우체국(우체통)이 어디에 있습니까?

    邮局(信箱)在哪儿?
    Yóujú (xìnxiāng) zài nǎr?
    여우쥐 (씬씨앙) 짜이 나알

- 우체국은 몇 시에 엽니까(닫습니까)?

    邮局几点开门(关门)?
    Yóujú jǐ diǎn kāimén (guānmén)?
    여우쥐 지 디엔 카이먼 (꾸안먼)

- 이 편지를 한국으로 보내려고 합니다.

    我要把这封信寄到韩国。
    Wǒ yào bǎ zhè fēng xìn jì dào Hánguó.
    워 야오 바 쩌 펑 씬 찌 따오 한구어

- 저는 소포용 포장지를 사려고 합니다.

    我想买包装用的牛皮纸。
    Wǒ xiǎng mǎi bāozhuāng yòng de niúpízhǐ.
    워 시앙 마이 빠오쮸앙 용 더 니우피즈

- 우표는 어느 창구에서 팝니까?

    邮票在哪个窗口卖?
    Yóupiào zài nǎ ge chuāngkǒu mài?
    여우피아오 짜이 나 서 츄앙커우 마이

- 항공우편(배편)으로 보내주세요.

    请用航空(船运)寄。
    Qǐng yòng hángkōng (chuányùn) jì.
    칭 용 항콩 (츄안윈) 찌

7 병원이용

■ 진찰 받으려하는데, 여기서 접수합니까?

我要看病,在这儿挂号吗?
Wǒ yào kànbìng, zài zhèr guàhào ma?
워 야오 칸삥, 짜이 쩔 꽈하오 마

■ 어디가 불편합니까?

您哪儿不舒服?
Nín nǎr bùshūfu?
닌 나알 뿌 슈푸

■ 배가 아파요. 무슨 과인지 모르겠네요.

我肚子疼。不知道看什么科?
Wǒ dùzi téng. Bù zhīdao kàn shénme kē?
워 뚜즈 텅. 뿌즈따오 칸 션머 커

■ 내국인입니까, 외국인입니까?

您是内宾还是外宾?
Nín shì nèibīn háishi wàibīn?
닌 스 네이삔 하이스 와이삔

■ 지금 진찰받을 수 있나요?

现在可以看病吗?
Xiànzài kěyǐ kànbìng ma?
씨엔짜이 커이 칸삥 마

- 접수증 주세요. 들어와 앉으세요.

  请给我挂号证。请进来坐吧。
  Qǐng gěi Wǒ guàhàozhèng. Qǐng jìnlái zuò ba.
  칭 게이 워 꽈하오쩡. 칭 찐라이 쭈어 바

- 저는 몸이 안 좋습니다.

  我身体不舒服。
  Wǒ shēntǐ bù shūfu.
  워 션티 뿌 수푸

- 이 근처에 병원이 있나요?

  这附近有没有医院?
  Zhè fùjìn yǒu méiyǒu yīyuàn?
  쩌 푸진 여우 메이여우 이위엔

- 저를 병원으로 데려다 주세요.

  请带我到医院去。
  Qǐng dài wǒ dào yīyuàn qù
  칭 따이 워 따오 이위엔 취

- 한국어를 하는 의사가 있습니까?

  有没有讲韩语的医生?
  Yǒu méiyǒu jiǎng Hányǔ de yīshēng?
  여우 메이여우 지앙 한위 더 이성

- 다음 번 진료예약을 좀 해주세요.

    请预约下一次的诊疗。
    Qǐng yùyuē xià yí cì de zhěnliáo.
    칭 위위에 씨아 이 츠 더 전리아오

- 여기가 좀 아파요.

    这儿有点儿疼。
    Zhèr yǒu diǎnr téng.
    쩔 여우 디얼 텅

- 저는 설사를 합니다.

    我拉肚子(泻肚)。
    Wǒ lā dùzi (xiè dù).
    워 라 뚜즈 (씨에뚜)

- 감기 든 것 같아요.

    好像感冒了。
    Hǎoxiàng gǎnmào le.
    하오씨앙 간마오 러

- 호흡이 좀 곤란합니다.

    呼吸有点儿困难。
    Hūxī yǒudiǎnr kùnnan.
    후씨 여우디얼 쿤난

- 좀 좋아졌어요. / 아직도 안 좋아요.

  稍好一点儿了。/ 还是不好。
  Shāo hǎo yìdiǎnr le. / Háishi bù hǎo.
  샤오 하오 이디얼 러 / 하이스 뿌 하오

- 진단서 좀 떼어주세요.

  请给我开诊断书。
  Qǐng gěi wǒ kāi zhěnduànshū.
  칭 게이 워 카이 전뚜안슈

- 이곳에 사인을 하세요.

  请在这儿签名。
  Qǐng zài zhèr qiānmíng.
  칭 짜이 쩔 치엔밍

- 움직이지 마세요.

  不要动。
  Búyào dòng.
  부야오 똥

- 혈압(체온)을 재세요.

  量血压(体温)吧。
  Liáng xuèyā (tǐwēn) ba.
  량 쉬에야 (티원) 바

- 소매 좀 걷어 올리세요.

    挽一下袖子。
    Wǎn yíxià xiùzi.
    완 이시아 씨우즈

- 상의를 벗으세요.

    请把上衣脱一下。
    Qǐng bǎ shàngyī tuō yíxià.
    칭 바 샹이 투어 이시아

- 누우세요.

    请躺一下。
    Qǐng tǎng yíxià.
    칭 탕 이시아

- 입을 여세요.

    请张开嘴。
    Qǐng zhāngkāi zuǐ.
    칭 쨩카이 쭈이

- 숨을 깊이 들이쉬세요.

    请深吸一口气。
    Qǐng shēn xī yì kǒu qì.
    칭 션 씨 이 커우 치

■ 지금 혈액(소변)검사를 합니다.

> 现在验血(尿)。
> Xiànzài yànxuè (niào).
> 씨엔짜이 옌쉬에 (니아오)

■ X레이를 찍으세요.

> 拍摄X光片。
> Pāishè X guāngpiàn.
> 파이셔 엑스 꽝피엔

■ 지금 주사를 맞아야 합니다.

> 现在要打针。
> Xiànzài yào dǎzhēn.
> 씨엔짜이 야오 다쩐

■ 바로 입원하세요.

> 请马上住院。
> Qǐng mǎshàng zhùyuàn.
> 칭 마샹 쭈위엔

■ 담배와 술은 하지 마세요.

> 请不要抽烟喝酒。
> Qǐng búyào chōuyān hē jiǔ.
> 칭 부야오 쳐우옌 허지우

10

트러블 대처 필수 표현

짐 분실

여권 분실

물건 도난

상황별 주요 단어

트러블 대처

해외에서 몸이 아프다거나 물건을 도난 당하는 등의 일을 겪게 되면 언어상의 문제로 인해 더욱 당황하게 됩니다. 여기서는 여행 중에 일어나는 대표적인 상황들을 살펴보고 그에 대처하는 말들을 모았습니다.

알고 갑시다

여행 중에 자주 일어나는 트러블과 대책

해외에서는 도난을 당하거나 크게 다치게 되면 누구나 당황하게 됩니다. 여기서는 자주 일어나는 트러블과 그 대처법에 대해서 알아보겠습니다.

1 여권 도난

여권을 잃어버리면 귀국할 수 없게 됩니다. 따라서 현지 경찰서에 찾아가 여권 분실 증명서를 작성하고, 한국대사관이나 영사관에 가서 재발급 신청 수속을 해야하는데 여권 분실 증명서와 사진 2장 외에도 여권번호와 발행연월일, 교부받은 시 도명이 기재된 서류가 필요하므로 여행 전에 여권을 복사해 두는 것이 좋습니다.

2 항공권 분실

항공권은 분실을 하더라도 본인 확인만 되면 다소의 비용을 부담하고 재발급 받을 수 있습니다. 항공권을 구입한 여행사나 항공사에 협조를 구하면 재발급 받을 수 있으므로 해당 여행사나 항공사의 전화번호를 메모해 두는 것도 좋습니다.

3 지갑 분실

지갑을 분실하면 곧장 가까운 경찰서나 파출소로 가서 분실 신고를 합니다. 만약 여행자수표를 가지고 다닌다면 미리 수표 번호와 금액, 발행일자를 적어두면 쉽게 재발급을 받을 수 있습니다. 신용카드를 분실한 경우는 해당 은행에 분실 신고를 하되 한국으로 전화를 걸어 한국 신용카드 회사에 신고하는 것이 가장 확실한 방법입니다.

4 짐 분실

비행기 내에서 분실한 경우는 수화물표를 가지고 해당 항공사를 방문하여 처리하면 되는데 현지에서 짐이나 귀중품을 분실한 경우에는 우선 가까운 파출소에 가서 분실 신고를 하고 도난증명서를 발급 받습니다. 여행 보험에 가입돼 있는 경우는 귀국 후 해당 보험사에 연락해서 필요로 하는 서류를 제출하면 되는데 이때 보험증서와 도난증명서가 꼭 필요합니다.

5 몸이 아플 때

증상이 심하지 않을 경우에는 가까운 약국에서 상비약을 구입해서 먹고, 증상이 심할 경우에는 병원을 찾아가 봅니다.

6 중국의 각종 전화번호

긴급 연락처
범죄 신고 110
교통 사고 122
화재 신고 119
구급 센터 120
시내전화 안내 114
시외전화 안내 116

한국관련 주요 현지 연락처
주중 한국 대사관 010-8531-0700, 010-6532-6774~5
한국 관광공사 베이징 지사 010-6585-8213
대한항공 중국 지사 040-0065-8888
아시아나 항공 중국 지사 040-0650-8000
상하이 총영사관 021-6295-2639

트러블 필수표현

_____ 을 잃어버렸어요.

워 띠우 러
我丢了_____?
Wǒ diū le

지갑	여권	현금
치엔빠오	후짜오	씨엔찐
钱包 qiánbāo	护照 hùzhào	现金 xiànjīn

카드	여행자 수표	가방
씬용카	뤼싱즈피아오	빠오
信用卡 xìnyòngkǎ	旅行支票 lǚxíngzhīpiào	包 bāo

배낭	디지털 카메라	노트북
뻬이빠오	슈마씨앙지	비찌번 띠엔나오
背包 bèibāo	数码相机 shùmǎ xiàngjī	笔记本电脑 bǐjìběn diànnǎo

트러블 필수표현

_____가 (이) 아파요.

워   뿌 슈푸
我_____不舒服.
Wǒ   bù shūfu.

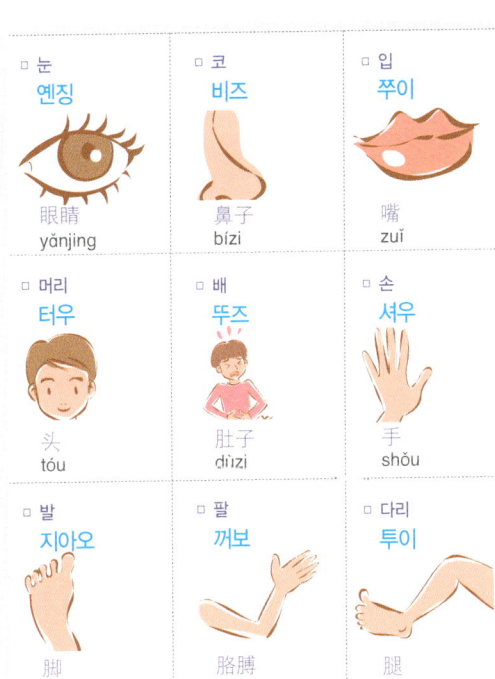

눈 옌징 眼睛 yǎnjing	코 비즈 鼻子 bízi	입 쭈이 嘴 zuǐ
머리 터우 头 tóu	배 뚜즈 肚子 dùzi	손 셔우 手 shǒu
발 지아오 脚 jiǎo	팔 꺼보 胳膊 gēbo	다리 투이 腿 tuǐ

1 짐 분실

■ 제 짐을 찾지 못했는데, 어떻게 해야 합니까?

我找不到我的行李了,怎么办?
Wǒ zhǎobudào wǒ de xíngli le, zěnme bàn?
워 쟈오부따오 워 더 씽리 러, 전머 빤

■ 분실물 처리소로 가서 물어보세요.

请您到行李招领处问问吧。
Qǐng nín dào xíngli zhāolǐngchù wènwen ba.
칭 닌 따오 씽리 쟈오링츄 원원 바

■ 제 짐 트렁크를 찾지 못했습니다.

我找不到我的行李箱了。
Wǒ zhǎobudào wǒ de xínglixiāng le.
워 쟈오부따오 워 더 씽리씨앙 러

■ 어느 편을 타셨지요?

您搭乘的是哪一班的飞机?
Nín dāchéng de shì nǎ yì bān de fēijī?
닌 따쳥 더 스 나 이 빤 더 페이지

■ 막 도착한 중국민항 123편입니다.

刚到的中国民航123班次。
Gāng dào de Zhōngguó mínháng yāo èr sān bāncì.
깡 따오 더 쭝구어 민항 야오 얼 싼 빤츠

■ 짐을 찾은 후에 어떻게 당신과 연락해야 합니까?

我们找到行李以后，怎么和你联系呢?
Wǒmen zhǎodào xíngli yǐhòu, zěnme hé nǐ liánxì ne?
워먼 쟈오따오 씽리 이허우, 전머 허 니 리엔씨 너

■ 제가 일주일 머무르니,

我停留一个星期，
Wǒ tíngliú yí ge xīngqī,
워 팅리우 이 거 씽치,

■ 이 호텔로 연락주시면 됩니다.

所以请您联络这个饭店就行。
suǒyǐ qǐng nín liánluò zhè ge fàndiàn jiù xíng.
쑤어이 칭 닌 리엔루어 쩌 거 판띠엔 지우 씽

2 여권 분실

■ 여권을 잃어버렸는데, 어떻게 해야 합니까?

我丢了护照，该怎么办?
Wǒ diū le hùzhào, gāi zěnme bàn?
워 띠우 러 후쨔오, 까이 전머 빤

■ 먼저 공안국 외사과에 가서 신고하세요.

请您先到公安局外事科报案吧。
Qǐng nín xiān dào gōng'ānjú wàishìkē bào'àn ba.
칭 닌 씨엔 따오 꿍안쥐 와이스커 빠오안 바

■ 이 분실증명서를 작성하세요.

请您写这张遗失证明书。
Qǐng nín xiě zhè zhāng yíshī zhèngmíngshū.
칭 닌 씨에 쩌 쨩 이스 쩡밍슈

■ 이 증명서를 가지고,

现在您拿这个证明书，
Xiànzài nín ná zhè ge zhèngmíngshū,
씨엔짜이 닌 나 쩌 거 쩡밍슈,

■ 한국영사관에 가서 재발급 받으시면 됩니다.

到韩国领事馆去再办就行。
dào Hánguó lǐngshìguǎn qù zài bàn jiù xíng.
따오 한구어 링스관 취 짜이 빤 지우 씽

- 한국어 아는 분을 부탁합니다.

    我想和会说韩语的人说话。
    Wǒ xiǎng hé huì shuō Hányǔ de rén shuōhuà.
    워 시앙 허 회이 슈어 한위 더 런 슈어화

- 한국 대사관 (분실물 센터)은 어떻게 갑니까?

    去韩国大使馆(失物招领处)怎么走?
    Qù Hánguó dàshǐguǎn (shīwù zhāolǐngchù)zěnme zǒu?
    취 한구어 따스관 (스우 쨔오링츄) 전머 저우

- 여권이 되돌아올 가능성은 없습니까?

    护照有没有被找回来的可能性?
    Hùzhào yǒu méiyǒu bèi zhǎohuílai de kěnéngxìng?
    후쨔오 여우 메이여우 뻬이 쟈오후이라이 더 커넝씽

- 찾게 되면 당신께 알려드리지요.

    找到了就通知您。
    Zhǎodào le jiù tōngzhī nín.
    쟈오따오 러 지우 통즈 닌

- 부탁드리겠습니다.

    那就拜托您了。
    Nà jiù bàituō nín le.
    나 찌우 빠이투어 닌 러

3 물건 도난

■ 제 지갑을 여권과 함께 도난 당했습니다.

我的钱包和护照被偷了。
Wǒ de qiánbāo hé hùzhào bèi tōu le.
워 더 치엔빠오 허 후쨔오 뻬이 터우 러

■ 먼저 공안국에 가서 신고하세요.

请您先到公安局报案吧。
Qǐng nín xiān dào gōng'ānjú bào'àn ba.
칭 닌 씨엔 따오 꽁안쥐 빠오안 바

■ 저를 공안국에 데려다 주세요.

请带我到公安局。
Qǐng dài wǒ dào gōng'ānjú.
칭 따이 워 따오 꽁안쥐

■ 경찰(공안국)에 전화해주세요.

请给警察(公安局)打电话。
Qǐng gěi jǐngchá (gōng'ānjú) dǎ diànhuà.
칭 게이 징챠 (꽁안쥐) 다 띠엔화

■ 한국대사관에 전화해주세요.

请给韩国大使馆 打电话。
Qǐng gěi Hánguó dàshǐguǎn dǎ diànhuà.
칭 게이 한구어 따스관 다 띠엔화

■ 저는 한국 대사관(영사관)에 가야만 합니다.

我得到韩国大使馆(领事馆)。
Wǒ děi dào Hánguó dàshǐguǎn (lǐngshìguǎn).
워 데이 따오 한구어 따스관 (링스관)

■ 제 손가방을 택시에 놓고 내렸어요.

我把手提包忘在出租汽车里了。
Wǒ bǎ shǒutíbāo wàng zài chūzūqìchē li le.
워 바 셔우티빠오 왕 짜이 츄주치쳐 리 러

■ 제가 방에 없을 때 반지가 없어졌어요.

我不在房间的时候戒指不见了.
Wǒ bú zài fángjiān de shíhou jièzhǐ bújiàn le.
워 부 짜이 팡지엔 더 스허우 지에즈 부지엔 러

■ 저에게 장소와 시간을 알려주세요.

请告诉我地点和时间。
Qǐng gàosu wǒ dìdiǎn hé shíjiān.
칭 까오쑤 워 띠디엔 허 스지엔

■ 안에 무엇이 있나요?

里面有些什么?
Lǐmiàn yǒu xiē shénme?
리미엔 여우 씨에 션머

■ 현금 약간하고 여행자수표요.

> 一些现金和旅行支票
> Yìxiē xiànjīn hé lǚxíng zhīpiào.
> 이씨에 씨엔찐 허 뤼싱 즈피아오

■ 여행자수표의 복사본을 갖고 계신가요?

> 您有旅行支票的副本吗?
> Nín yǒu lǚxíng zhīpiào de fùběn ma?
> 닌 여우 뤼싱 즈피아오 더 푸번 마

■ 이것이 바로 구매자 복사본이에요.

> 这就是购买者副本。
> Zhè jiùshì gòumǎizhě fùběn.
> 쩌 찌우스 꺼우마이저 푸번

■ 은행에 가셔서 재발급 받으세요.

> 请您到银行重新申办一次。
> Qǐng nín dào yínháng chóngxīn shēnbàn yícì.
> 칭 닌 따오 인항 총신 션빤 이츠

■ 신용카드의 사용을 중단시켜 주세요.

> 请吊销这个信用卡。
> Qǐng diàoxiāo zhè ge xìnyòngkǎ.
> 칭 띠아오씨야오 쩌 거 씬용카

■ 여기에서 가장 가까운 공안국은 어디입니까?

离这儿最近的公安局在哪儿?
Lí zhèr zuìjìn de gōng'ānjú zài nǎr?
리 쩔 쭈이진 더 꽁안쥐 짜이 나알

■ 분실물 수령처가 어디입니까?

失物招领处在哪儿?
Shīwù zhāolǐngchù zài nǎr?
스우 쟈오링츄 짜이 나알

■ 저 좀 도와 찾아 주세요.

请帮我找一找。
Qǐng bāng wǒ zhǎo yi zhǎo.
칭 빵 워 쟈오 이 쟈오

■ 한국대사관이 어디입니까?

韩国大使馆在哪儿?
Hánguó dàshǐguǎn zài nǎr?
한구어 따스관 짜이 나알

■ 한국말을 할 수 있는 분을 좀 찾아주세요.

请找一个会讲韩语的工作人员。
Qǐng zhǎo yí ge huì jiǎng Hányǔ de gōngzuò rényuán.
칭 쟈오 이 거 후이 지앙 한위 더 꽁쭈어 런위엔

11

귀국편 예약

출국 수속

귀국하기

※ 벌써 귀국입니다. 신나게 여행하다 보면 어느덧 귀국 시점이 되어 아쉬움이 많이 남습니다.
하지만 다음을 기약하며 마무리를 잘 하는 것이 중요하겠죠?

1 귀국편 예약

■ 내 비행기편을 재확인하고 싶습니다.

我想再次确认我的航班。
Wǒ xiǎng zàicì quèrèn wǒ de hángbān.
워 시앙 짜이츠 취에런 워 더 항빤

■ 어디에서 예약하신 겁니까?

在哪儿订的？
Zài nǎr dìng de?
짜이 나알 띵 더

■ 한국에서 예약했습니다.

在韩国订的。
Zài Hánguó dìngde.
짜이 한구어 띵 더

■ 손님 성함과 예약번호를 말씀해주세요.

请告诉我您的名字跟预订号码。
Qǐng gàosu wǒ nín de míngzi gēn yùdìng hàomǎ.
칭 까오쑤 워 닌 더 밍쯔 껀 위띵 하오마

■ 예약번호는 GM38H입니다.

预订号码是GM38H。
Yùdìng hàomǎ shì GM sānbā H.
위띵 하오마 스 GM 싼빠 H

■ 베이징에서 서울가는 비행기표 예약하려 합니다.

> 我想订一张从北京到首尔的机票。
> Wǒ xiǎng dìng yì zhāng cóng Běijīng dào Shǒu'ěr de jīpiào.
> 워 시앙 띵 이 짱 총 베이징 따오 셔우얼 더 지피아오

■ 한국 부산으로 가는 비행기편이 있나요?

> 有没有到韩国釜山的班机?
> Yǒu méiyǒu dào Hánguó Fǔshān de bānjī.
> 여우 메이여우 따오 한구어 푸산 더 빤지

■ 이코노미(비즈니스)클래스로 예약해 주세요.

> 请给我订普通舱(公务舱)。
> Qǐng gěi wǒ dìng pǔtōngcāng (gōngwùcāng).
> 칭 게이 워 띵 푸통창 (꽁우창)

■ 가장 이른 비행기를 예약하고 싶어요.

> 我想预订最早的班机。
> Wǒ xiǎng yùdìng zuì zǎo de bānjī.
> 워 시앙 위띵 쭈이자오 더 빤지

■ 제 좌석을 재확인하려 합니다.

> 我想确认一下我的座位。
> Wǒ xiǎng quèrèn yíxià wǒ de zuòwèi.
> 워 시앙 취에런 이시아 워 더 쭈어웨이

■ 예약을 좀 변경하려 합니다.

我要改变一下预订。
Wǒ yào gǎibiàn yíxià yùdìng.
워 야오 가이삐엔 이시아 위띵

■ 예약을 취소하려 합니다.

我要取消预订。
Wǒ yào qǔxiāo yùdìng.
워 야오 취씨아오 위띵

■ 베이징에서 서울 가는 비행기편을 변경하고 싶습니다.

我想更改从北京到首尔的航班。
Wǒ xiǎng gēnggǎi cóng Běijīng dào Shǒu'ěr de hángbān.
워 시앙 껑가이 총 베이징 따오 셔우얼 더 항빤

■ 5월 10일로 바꾸고 싶은데, 좌석이 있습니까?

我想改成5月10号, 有座位吗?
Wǒ xiǎng gǎichéng wǔyuè shíhào, yǒu zuòwèi ma?
워 시앙 가이청 우위에 스하오, 여우 쭈어웨이 마

■ 예약번호를 알려 주세요.

请告诉我预订号码。
Qǐng gàosu wǒ yùdìng hàomǎ.
칭 까오쑤 워 위띵 하오마

2 출국 수속

■ 말씀 여쭐게요. 공항이용권을 어디서 삽니까?

请问, 在哪儿买机场建设费?
Qǐngwèn, zài nǎr mǎi jīchǎng jiànshèfèi?
칭원, 짜이 나얼 마이 지챵 찌엔셔페이

■ 아가씨, 공항이용권 한 장 주세요.

小姐, 来一张机场建设费。
Xiǎojie, lái yì zhāng jīchǎng jiànshèfèi.
씨아오지에, 라이 이 쨩 지챵 찌엔셔페이

■ 서울 가는 중국민항, 어디에서 수속을 합니까?

到首尔的中国民航, 在哪儿办手续?
Dào Shǒu'ěr de Zhōngguó mínháng, zài nǎr bàn shǒuxù?
따오 셔우얼 더 쭝구어 민항, 짜이 나얼 빤 셔우쉬

■ 손님의 비행기표와 여권을 주세요. 짐 있으십니까?

请给我您的机票和护照, 有没有行李?
Qǐng gěi wǒ nín de jīpiào hé hùzhào, yǒu méiyǒu xíngli?
칭 게이 워 닌더 지피아오 허 후쟈오 여우 메이여우 씽리

■ 이것이 손님의 보딩패스입니다.

这是你的登机牌。
Zhè shì nǐ de dēngjīpái.
쩌 스 니 더 떵지파이

찾아 보기

※ 여행 중에는 많은 상황들이 일어나기 때문에 어떤 말이 필요할지 모릅니다. 찾아보기에서 원하는 말들을 바로바로 찾아보세요.

숫자와 날짜 기본 단어

0	零	líng	링
1	一	yī	이
2	二, 两	èr, liǎng	얼, 량
3	三	sān	싼
4	四	sì	쓰
5	五	wǔ	우
6	六	liù	리우
7	七	qī	치
8	八	bā	빠
9	九	jiǔ	지우
10	十	shí	스
11	十一	shíyī	스이
12	十二	shí'èr	스얼
20	二十	èrshí	얼스
30	三十	sānshí	싼스
40	四十	sìshí	쓰스
50	五十	wǔshí	우스
60	六十	liùshí	리우스
70	七十	qīshí	치스
80	八十	bāshí	빠스
90	九十	jiǔshí	지우스
100	一百	yìbǎi	이바이
1,000	一千	yìqiān	이치엔
10,000	一万	yíwàn	이완
1초	一秒	yìmiǎo	이미아오
1분	一分钟	yìfēnzhōng	이펀쫑

15분	一刻	yíkè	이커
30분	半个小时	bànge xiǎoshí	빤거 시아오스
1시	一点	yīdiǎn	이디엔
2시	两点	liǎngdiǎn	량디엔
3시	三点	sāndiǎn	싼디엔
1시간	一个小时	yí ge xiǎoshí	이거 시아오스
2시간	两个小时	liǎng ge xiǎoshí	량거 시아오스
시간	时间	shíjiān	스지엔
때	时候	shíhou	스허우
이르다	早	zǎo	자오
늦다	晚	wǎn	완
아침	早上	zǎoshang	자오상
낮	白天	báitiān	바이티엔
저녁	晚上	wǎnshang	완상
오전	上午	shàngwǔ	상우
정오	中午	zhōngwǔ	쭝우
오후	下午	xiàwǔ	씨아우
저녁무렵	傍晚	bàngwǎn	빵완
밤중	夜里	yèli	예리
하루종일	整天	zhěngtiān	졍티엔
반나절	半天	bàntiān	빤티엔
1월	一月	yīyuè	이위에
2월	二月	èryuè	얼위에
3월	三月	sānyuè	싼위에
4월	四月	sìyuè	쓰위에
5월	五月	wǔyuè	우위에

숫자와 날짜 기본 단어

6월	六月	liùyuè	리우위에
7월	七月	qīyuè	치위에
8월	八月	bāyuè	빠위에
9월	九月	jiǔyuè	지우위에
10월	十月	shíyuè	스위에
11월	十一月	shíyīyuè	스이위에
12월	十二月	shí'èryuè	스얼위에
1일	一号	yīhào	이하오
2일	二号	èrhào	얼하오
3일	三号	sānhào	싼하오
하루	一天	yìtiān	이티엔
이틀	两天	liǎngtiān	량티엔
일주일	一个星期	yí ge xīngqī	이거씽치
한 달	一个月	yí ge yuè	이거위에
일 년	一年	yìnián	이니엔
년	年	nián	니엔
월	月	yuè	위에
일	日, 号	rì, hào	르, 하오
월요일	星期一	xīngqīyī	씽치이
화요일	星期二	xīngqī'èr	씽치얼
수요일	星期三	xīngqīsān	씽치싼
목요일	星期四	xīngqīsì	씽치쓰
금요일	星期五	xīngqīwǔ	씽치우
토요일	星期六	xīngqīliù	씽치리우
일요일	星期天	xīngqītiān	씽치티엔
오늘	今天	jīntiān	찐티엔

내일	明天	míngtiān	밍티엔
모레	后天	hòutiān	허우티엔
어제	昨天	zuótiān	주어티엔
그제	前天	qiántiān	치엔티엔
매일	每天	měitiān	메이티엔
그날	当天	dāngtiān	땅티엔
이번주	这个星期	zhè ge xīngqī	쩌거씽치
지난주	上星期	shàngxīngqī	샹씽치
다음주	下星期	xiàxīngqī	씨아씽치
이번달	这个月	zhè ge yuè	쩌거위에
지난달	上个月	shàng ge yuè	샹거위에
다음달	下个月	xià ge yuè	씨아거위에
금년	今年	jīnnián	찐니엔
내년	明年	míngnián	밍니엔
내후년	后年	hòunián	허우니엔
작년	去年	qùnián	취니엔

가게

가게	小卖部	xiǎomàibù	시아오마이뿌
가격	**价钱**	jiàqián	지아치엔
가공	加工	jiāgōng	지아꽁
가깝다	**近**	jìn	찐
가끔	偶尔	ǒu'ěr	어우얼
가난하다	**穷**	qióng	치옹
가능하다	可能	kěnéng	커넝
가로	**横**	héng	헝
가르치다	教	jiāo	찌아오
가방	**包**	bāo	빠오
가볍다	轻	qīng	칭
가수	**歌手**	gēshǒu	꺼셔우
가스	煤气	méiqi	메이치
가슴	**胸**	xiōng	시옹
가엾다	可怜	kělián	커리엔
가옥	**房子**	fángzi	팡즈
가운데	中间	zhōngjiān	쭝지엔
가위	**剪刀**	jiǎndāo	지엔따오
가을	秋天	qiūtiān	치우티엔
가이드	**导游**	dǎoyóu	다오여우
가장	最	zuì	쭈이
가정	**家庭**	jiātíng	지아팅
가족	家人	jiārén	지아런
가죽	**皮**	pí	피
가지	茄子	qiézi	치에즈
가짜	**假的**	jiǎde	지아더

개인사업자

간	肝	gān	깐
간단하다	简单	jiǎndān	지엔딴
간장	酱油	jiàngyóu	찌앙여우
간절하다	诚恳	chéngkěn	청컨
간편하다	简便	jiǎnbiàn	지엔삐엔
간호사	护士	hùshi	후스
차를 갈아타다	换车	huànchē	환쳐
감	柿子	shìzi	스즈
감기	感冒	gǎnmào	간마오
감독하다	监督	jiāndū	찌엔두
감동하다	感动	gǎndòng	간똥
감자	土豆	tǔdòu	투떠우
값이 싸다	便宜	piányi	피엔이
강당	礼堂	lǐtáng	리탕
강도	强盗	qiángdào	치앙따오
강연하다	演讲	yǎnjiǎng	엔지앙
강하다	强	qiáng	치앙
같다	一样	yíyàng	이양
같이	一起	yìqǐ	이치
개발하다	开发	kāifā	카이파
개방하나	开放	kāifàng	카이팡
개선하다	改善	gǎishàn	가이샨
개성	个性	gèxing	꺼씽
개시하다	开始	kāishǐ	카이스
게으르다	懒惰	lǎnduò	란뚜어
개인사업자	个体户	gètǐhù	꺼티후

211

개최하다

개최하다	召开	zhāokāi	쨔오카이
개학하다	开学	kāixué	카이쉬에
개혁	改革	gǎigé	가이거
객관적	客观	kèguān	커꾸안
객석	客坐	kèzuò	커쭈어
객실	客房	kèfáng	커팡
거기	那儿	nàr	날
거꾸로	倒	dào	따오
거래	交易	jiāoyì	찌아오이
거류하다	居留	jūliú	쮜리우
거리	街道	jiēdào	지에따오
돈거스르다	找钱	zhǎoqián	쟈오치엔
거실	客厅	kètīng	커팅
거울	镜子	jìngzi	찡즈
거절하다	拒绝	jùjué	쥐쥐에
걱정하다	担心	dānxīn	딴씬
건강	健康	jiànkāng	찌엔캉
건포도	葡萄干	pútáogān	푸타오깐
걷다	走	zǒu	저우
걸다	挂	guà	꽈
검다	黑	hēi	헤이
검사하다	检查	jiǎnchá	지엔챠
검역	检疫	jiǎnyì	지엔이
게	螃蟹	pángxiè	팡씨에
게임, 경기	比赛	bǐsài	비싸이
겨울	冬天	dōngtiān	똥티엔

경험

겨자	芥末	jièmo	찌에모
격려하다	鼓励	gǔlì	구리
견고하다	坚固	jiāngù	지엔꾸
견본	样品	yàngpǐn	양핀
견학	参观	cānguān	찬관
견해	看法	kànfǎ	칸파
결과	结果	jiéguǒ	지에구어
결론	结论	jiélùn	지에룬
결정하다	决定	juédìng	쥐에띵
결혼하다	结婚	jiéhūn	지에훈
결혼식	结婚典礼	jiéhūn diǎnlǐ	지에훈 디엔리
겸손하다	谦虚	qiānxū	치엔쉬
겸연쩍다	不好意思	bùhǎo yisi	뿌하오이쓰
경극	京剧	jīngjù	찡쥐
경관	景色	jǐngsè	징써
경기	景气	jǐngqì	징치
경기장	体育场	tǐyùchǎng	티위챵
경계하다	警戒	jǐngjiè	징지에
경비	经费	jīngfèi	징페이
경영하다	经营	jīngyíng	징잉
경쟁하다	竞争	jìngzhēng	찡쩡
경제	经济	jīngjì	찡찌
경찰	警察	jǐngchá	징챠
경축하다	庆祝	qìngzhù	칭쭈
경치	风光	fēngguāng	펑꽝
경험	经验	jīngyàn	찡옌

계급

계급	阶级	jiējí	찌에지
계란	鸡蛋	jīdàn	지딴
계산하다	计算	jìsuàn	지쑤안
계속	继续	jìxù	찌쉬
계약	合同	hétóng	허통
계약금	订金	dìngjīn	띵찐
계약서	合同书	hétóngshū	허통슈
계절	季节	jìjié	찌지에
계통	系统	xìtǒng	씨통
계획	计划	jìhuà	찌화
고객	顾客	gùkè	꾸커
고관	高官	gāoguān	까오꾸안
고구마	红薯, 地瓜	hóngshǔ, dìguā	홍슈, 띠과
고궁	故宫	gùgōng	꾸꽁
고급	高级	gāojí	까오지
고기	肉	ròu	러우
고기만두	肉包子	ròubāozi	러우빠오쯔
고단하다	疲倦	píjuàn	피쥐엔
고등학교	高中	gāozhōng	까오쭝
고르다	选择	xuǎnzé	쉬엔저
고맙다	谢谢	xièxie	씨에씨에
고별	告别	gàobié	까오비에
고생하다	辛苦	xīnkǔ	씬쿠
고속도로	高速公路	gāosù gōnglù	까오쑤 꽁루
고장	地方	dìfang	띠팡
고장나다	故障	gùzhàng	꾸짱

고추	辣椒	làjiāo	라찌아오
고춧가루	辣椒粉	làjiāofěn	라찌아오펀
고치다	修理	xiūlǐ	씨우리
고통스럽다	痛苦	tòngkǔ	통쿠
고향	家乡	jiāxiāng	찌아씨앙
고혈압	高血压	gāoxuèyā	까오쉬에야
곤란하다	困难	kùnnan	쿤난
곧	马上	mǎshàng	마샹
곧장	一直	yìzhí	이즈
골동품	古董, 古玩	gǔdǒng, gǔwán	구동, 구완
골목	胡同	hútòng	후통
골프	高尔夫球	gāo'ěrfūqiú	까오얼푸치우
곰	熊	xióng	시옹
공급하다	供给	gōngjǐ	꽁지
공기	空气	kōngqì	콩치
공로	功劳	gōngláo	꽁라오
공문	公文	gōngwén	꽁원
공부	学习, 念书	xuéxí, niànshū	쉐시, 니엔슈
공사	工程	gōngchéng	꽁청
공업	工业	gōngyè	꽁예
공연하다	公演	gōngyǎn	꽁옌
공예품	工艺品	gōngyìpǐn	꽁이핀
공원	公园	gōngyuán	꽁위엔
공장	工厂	gōngchǎng	꽁창
공중전화	公用电话	gōngyòng diànhuà	꽁용띠엔화
공증	公证	gōngzhèng	꽁쩡

공항

공항	机场	jīchǎng	지창
과거	过去	guòqù	구어취
과세	纳税	nàshuì	나쉐이
과일	水果	shuǐguǒ	쉐이구어
과자	饼干	bǐnggān	빙깐
과즙	果汁	guǒzhī	구어즈
과장	科长	kēzhǎng	커장
과학	科学	kēxué	커쉬에
과학기술	科技	kējì	커지
관객	观众	guānzhòng	꾸안쫑
관계	关系	guānxi	꾸안시
관광	观光	guānguāng	꾸안꽝
관광단	观光团	guānguāngtuán	꾸안꽝투안
관람하다	参观	cānguān	찬관
관람료	参观费	cānguānfèi	찬꾸안페이
관세	关税	guānshuì	꾸안쉐이
관심	关心	guānxīn	꾸안씬
광고	广告	guǎnggào	광까오
광동어	广东话	guǎngdōnghuà	광둥화
괘씸하다	可恶	kěwù	커우
괜찮다	不错	búcuò	부추어
괴롭다	难过	nánguò	난구어
괴상하다	奇怪	qíguài	치꽈이
굉장히	非常	fēicháng	페이창
교과서	课本	kèběn	커번
교류	交流	jiāoliú	찌아오리우

국민

교부하다	交付	jiāofù	찌아오푸
교사	教师	jiàoshī	찌아오스
교수	教授	jiàoshòu	찌아오셔우
교실	教室	jiàoshì	찌아오스
교육	教育	jiàoyù	찌아오위
교외	郊外	jiāowài	찌아오와이
교통	交通	jiāotōng	찌아오퉁
교통경찰	交通警察	jiāotōng jǐngchá	찌아오퉁 징챠
교환하다	交换	jiāohuàn	찌아오환
교회당	教会堂	jiàohuìtáng	찌아오후이탕
구급약	急救药	jíjiùyào	지찌우야오
구급차	救护车	jiùhùchē	찌우후쳐
구독하다	订阅	dìngyuè	띵위에
구두	皮鞋	píxié	피씨에
구름	云	yún	윈
구비하다	具备	jùbèi	쮜뻬이
구명복	救生衣	jiùshēngyī	찌우셩이
구분	区别	qūbié	취비에
구토	呕吐	ǒutù	어우투
국가	国家	guójiā	구어지아
국경	国境	guójìng	구어찡
국경일	国庆节	guóqìngjié	구어칭지에
국교를 맺다	建交	jiànjiāo	찌엔찌아오
국립	国立	guólì	구어리
국내	国内	guónèi	구어네이
국민	国民	guómín	구어민

국수

국수	面条	miàntiáo	미엔티아오
국적	国籍	guójí	구어지
국외	国外	guówài	구어와이
국제	国际	guójì	구어찌
국제연합	联合国	liánhéguó	리엔허구어
군대	军队	jūnduì	쥔뚜이
권리	权利	quánlì	취엔리
권장하다	劝告	quàngào	취엔까오
귀	耳朵	ěrduo	얼두어
귀고리	耳环	ěrhuán	얼환
귀국하다	回国	huíguó	후이구어
귀금속, 장신구	首饰	shǒushi	셔우스
귀엽다	可爱	kě'ài	커아이
규정	规定	guīdìng	꾸이띵
귤	桔子	júzi	쥐즈
그것	那个	nàge	나거
그 (사람)	他	tā	타
그끄저께	大前天	dàqiántiān	따치엔티엔
그래서	所以	suǒyǐ	쑤어이
그러나	可是, 但是	kěshì dànshì	커스, 딴스
그램	克	kè	커
그런데	不过	búguò	부꾸어
그룹, 단체	团体	tuántǐ	투안티
그리워하다	想	xiǎng	시앙
그림	画儿	huàr	활
그저께	前天	qiántiān	치엔티엔

기념

극장	剧场	jùchǎng	쮜창
근교	近郊	jìnjiāo	찐찌아오
근대	近代	jìndài	찐따이
근무	工作	gōngzuò	꽁쭈어
근면하다	勤劳	qínláo	친라오
근시	近视	jìnshì	찐스
근심하다	操心	cāoxīn	차오씬
근육	肌肉	jīròu	찌러우
근처	附近	fùjìn	푸진
글	文章	wénzhāng	원짱
글피	大后天	dàhòutiān	따허우티엔
금	金子	jīnzi	찐쯔
금년	今年	jīnnián	찐니엔
금방	刚才	gāngcái	깡차이
금연	禁烟	jìnyān	찐옌
금지	禁止	jìnzhǐ	찐즈
급료	工资	gōngzī	꽁쯔
	薪水	xīnshuǐ	씬쉐이
급하다	急	jí	지
급행열차	特快列车	tèkuài lièchē	터콰이 리에쳐
긍정하나	肯定	kěndìng	컨띵
기계	机器	jīqì	지치
기관	机关	jīguān	지꾸안
기관지염	气管炎	qìguǎnyán	치꾸안옌
기구	工具	gōngjù	꽁쮜
기념	纪念	jìniàn	지니엔

기념품

한국어	중국어	병음	발음
기념품	纪念品	jìniànpǐn	지니엔핀
기다리다	等, 等待	děng, děngdài	덩, 덩따이
기대하다	期待	qīdài	치따이
기도	祷告	dǎogào	다오까오
기독교	基督教	jīdūjiào	찌두찌아오
기록	记录	jìlù	찌루
기름	油	yóu	여우
기본	基本	jīběn	찌번
기부금	捐款	juānkuǎn	쮜엔쿠안
기쁘다	高兴	gāoxìng	까오씽
기분	心情	xīnqíng	씬칭
기상	气象	qìxiàng	치씨앙
기숙사	宿舍	sùshè	쑤셔
기술	技术	jìshù	찌슈
기술자	技术人员	jìshù rényuán	찌슈 런위엔
기억	记忆	jìyì	찌이
기업가	企业家	qǐyèjiā	치예찌아
기온	气温	qìwēn	치원
기운	力气	lìqi	리치
기절하다	晕倒	yūndǎo	윈다오
기차	火车	huǒchē	후어처
기초	基础	jīchǔ	찌추
기침	咳嗽	késou	커써우
기타	其他	qítā	치타
기한	期限	qīxiàn	치씨엔
기혼	已婚	yǐhūn	이훈

나가다

기회	机会	jīhuì	찌후이
기후	气候	qìhòu	치허우
긴급하다	紧急	jǐnjí	진지
긴장하다	紧张	jǐnzhāng	진쨩
길	路	lù	루
길다	长	cháng	챵
김	紫菜	zǐcài	즈차이
김치	泡菜	pàocài	파오차이
깃	领子	lǐngzi	링즈
깊다	深	shēn	션
까다롭다	麻烦	máfan	마판
까닭	原因	yuányīn	위엔인
깔보다	小看	xiǎokàn	시아오칸
깨끗하다	干净	gānjìng	깐찡
깨지다	破坏	pòhuài	포화이
꼭	一定	yídìng	이띵
꽃	花儿	huār	활
꽃무늬	花纹	huāwén	화원
꿈	梦	mèng	멍
꿈꾸다	做梦	zuòmèng	쭈어멍
껌	口香糖	kǒuxiāngtáng	커우씨앙탕
끌다	拖	tuō	투어
끈	绳子	shéngzi	성쯔
끝마치다	结束	jiéshù	지에슈
나	我	wǒ	워
나가다	出去	chūqù	츄취

221

나누다

나누다	分配	fēnpèi	펀페이
나무	树	shù	슈
나쁘다	坏, 不好	huài, bùhǎo	화이, 뿌하오
나이	年龄	niánlíng	니엔링
나이트클럽	夜总会	yèzǒnghuì	예종후이
나일론	尼龙	nílóng	니롱
나중	以后	yǐhòu	이허우
나타나다	出现	chūxiàn	츄씨엔
낙관하다	乐观	lèguān	러꾸안
낚시하다	钓鱼	diàoyú	띠아오위
난간	栏杆	lángān	란깐
난로	火炉	huǒlú	후워루
날다	飞	fēi	페이
날카롭다	锋利	fēnglì	펑리
날고기	生肉	shēngròu	셩러우
날씨	天气	tiānqì	티엔치
날씬하다	瘦长	shòucháng	셔우창
날짜	日子	rìzi	르즈
남, 남쪽	南边	nánbiān	난삐엔
남동생	弟弟	dìdi	띠디
낭만적이다	浪漫	làngmàn	랑만
낭비하다	浪费	làngfèi	랑페이
낮	白天	báitiān	바이티엔
낮다	低	dī	띠
낯설다	陌生	mòshēng	모성
내년	明年	míngnián	밍니엔

내용	内容	nèiróng	네이롱
냄새	味儿	wèir	월
냅킨	餐巾纸	cānjīnzhǐ	찬진즈
냉면	冷面	lěngmiàn	렁미엔
냉장고	电冰箱	diànbīngxiāng	띠엔삥씨앙
너, 당신	你	nǐ	니
넓다	广大	guǎngdà	광따
노랗다	黄	huáng	황
노크하다	敲门	qiāomén	치아오먼
노래하다	唱歌儿	chànggēr	챵껄
노력하다	努力	nǔlì	눌리
노트	本子	běnzi	번즈
녹색	绿色	lǜsè	뤼써
녹음	录音	lùyīn	루인
녹음기	录音机	lùyīnjī	루인지
논문	论文	lùnwén	룬원
놀다	玩儿	wánr	왈
농담하다	开玩笑	kāi wánxiào	카이 완씨아오
농민	农民	nóngmín	농민
농촌	农村	nóngcūn	농춘
높다	高	gāo	까오
높이다	提高	tígāo	티까오
놓다	放	fàng	팡
놓치다	失去	shīqù	스취
누구	谁	shéi	셰이
뇌	脑	nǎo	나오

누나

누나	姐姐	jiějie	지에지에
눈	眼睛	yǎnjing	옌징
눈물	眼泪	yǎnlèi	옌레이
눈이 내리다	下雪	xiàxuě	씨아쉬에
눕다	躺	tǎng	탕
뉴스	新闻	xīnwén	씬원
느끼다	感觉	gǎnjué	간쥐에
느리다	慢	màn	만
늘다	增加	zēngjiā	쩡지아
늦다	晚	wǎn	완
다리	桥	qiáo	치아오
다림질하다	熨衣服	yùn yīfu	윈 이푸
다시	再	zài	짜이
다양하다	多样	duōyàng	뚜어양
다정하다	多情	duōqíng	뚜어칭
다치다	损伤	sǔnshāng	쑨상
단풍	红叶	hóngyè	훙예
달다	甜	tián	티엔
닭	鸡	jī	찌
닭고기	鸡肉	jīròu	찌러우
담배피우다	抽烟	chōuyān	쳐우옌
당기다	拉	lā	라
당연하다	当然	dāngrán	땅란
당직	值班	zhíbān	즈빤
단과대학	学院	xuéyuàn	쉬에위엔
대륙	大陆	dàlù	따루

돈지갑

대만	台湾	Táiwān	타이완
대머리	光头	guāngtóu	꾸앙터우
대변	大便	dàbiàn	따삐엔
대신하다	代替	dàitì	따이티
대접하다	招待	zhāodài	짜오따이
대중	大众	dàzhòng	따쫑
대표	代表	dàibiǎo	따이비아오
대학교	大学	dàxué	따쉬에
더구나	加上	jiāshàng	지아상
더럽다	脏	zāng	짱
덥다	热	rè	러
더운물	热水	rèshuǐ	러쉐이
덩어리	块	kuài	콰이
도로	公路	gōnglù	꽁루
도망치다	逃走	táozǒu	타오저우
도매상	批发商	pīfāshāng	피파상
도서관	图书馆	túshūguǎn	투슈관
도시	城市	chéngshì	청스
도시락	盒饭	héfàn	허판
도자기	瓷器	cíqì	츠치
도장	图章	túzhāng	투짱
도착	到达	dàodá	따오다
독서	读书	dúshū	두슈
독일인	德国人	Déguórén	더구어런
돈	钱	qián	치엔
돈지갑	钱包	qiánbāo	치엔빠오

225

돌

돌	石头	shítou	스터우
돌다	转	zhuàn	쮸안
돕다	帮助	bāngzhù	빵주
동쪽	东边	dōngbiān	똥삐엔
동물	动物	dòngwù	똥우
동물원	动物园	dòngwùyuán	똥우위엔
동생	弟弟	dìdi	띠디
동시에	同时	tóngshí	통스
동양	东方	dōngfāng	똥팡
동행하다	同行	tóngxíng	통씽
돼지고기	猪肉	zhūròu	쮸러우
두껍다	厚	hòu	허우
두렵다	可怕	kěpà	커파
두부	豆腐	dòufu	떠우푸
둘	两, 二	liǎng, èr	량, 얼
뒤, 뒤쪽	后边	hòubiān	허우비엔
드라이기	吹风机	chuīfēngjī	츄이펑지
듣다	听	tīng	팅
들다	拿, 提	ná, tí	나, 티
등기편지	挂号信	guàhàoxìn	꽈하오씬
등록하다	登记	dēngjì	떵찌
등산	爬山	páshān	파산
디자인	设计	shèjì	셔지
딸	女儿	nǚ'ér	뉘얼
땀	汗	hàn	한
땅콩	花生	huāshēng	화성

매형

라디오	收音机	shōuyīnjī	셔우인지
라이터	打火机	dǎhuǒjī	다후워지
레몬차	柠檬茶	níngméngchá	닝멍챠
레인코트	雨衣	yǔyī	위이
레퍼토리	节目	jiémù	지에무
리셉션	宴会	yànhuì	옌후이
루트	路程	lùchéng	루쳥
마늘	大蒜	dàsuàn	따쑤안
마루	地板	dìbǎn	띠반
마음	心里	xīnlǐ	씬리
마지막	最后	zuìhòu	쭈이허우
마음 놓다	放心	fàngxīn	팡씬
만일	如果	rúguǒ	루구어
마시다	喝	hē	허
마사지	按摩	ànmó	안모
막다	挡住	dǎngzhù	당쭈
만나다	见面	jiànmiàn	찌엔미엔
만리장성	万里长城	Wànlǐchángchéng	완리챵청
만족스럽다	满意	mǎnyì	만이
말하다	说话	shuōhuà	슈어화
맛	味道	wèidao	웨이따오
맛있다	好吃	hǎochī	하오츠
매력	魅力	mèilì	메이리
매매하다	买卖	mǎimài	마이마이
매일	每天	měitiān	메이티엔
매형	姐夫	jiěfu	지에푸

매화

매화	梅花	méihuā	메이화
맥주	啤酒	píjiǔ	피지우
맵다	辣	là	라
머리	头	tóu	터우
머리카락	头发	tóufa	터우파
머무르다	住	zhù	쮸
먹다	吃	chī	츠
먼저	先	xiān	씨엔
멀다	远	yuǎn	위엔
멋있다	好看	hǎokàn	하오칸
메모	留言	liúyán	리우옌
면세	免税	miǎnshuì	미엔쉐이
면적	面积	miànjī	미엔지
명단	名单	míngdān	밍딴
명령	命令	mìnglìng	밍링
명승고적	名胜古迹	míngshèng gǔjì	밍셩구지
명함	名片	míngpiàn	밍피엔
모기	蚊子	wénzi	원즈
모두	都	dōu	떠우
모레	后天	hòutiān	허우티엔
모방하다	模仿	mófǎng	모팡
모양	样子	yàngzi	양즈
모이다	团聚	tuánjù	투안쥐
모임	聚会	jùhuì	쥐후이
모자	帽子	màozi	마오쯔
모자라다	不够	búgòu	부꺼우

뮤지컬

목	脖子	bózi	보즈
목걸이	项链	xiàngliàn	씨앙리엔
목마르다	渴	kě	커
목록	目录	mùlù	무루
목욕하다	洗澡	xǐzǎo	씨자오
목적지	目的地	mùdìdì	무띠띠
몰수하다	没收	mòshōu	모셔우
몸	身体	shēntǐ	션티
못마땅하다	不满意	bùmǎnyì	뿌만이
못생기다	难看	nánkàn	난칸
무겁다	重	zhòng	쫑
무게	重量	zhòngliàng	쫑량
무관하다	无关	wúguān	우꾸안
무기	武器	wǔqì	우치
무대	舞台	wǔtái	우타이
무료하다	无聊	wúliáo	우리아오
무엇, 무슨	什么	shénme	선머
무역	贸易	màoyì	마오이
무섭다	害怕	hàipà	하이파
문	门	mén	먼
문제	问题	wèntí	원티
문학	文学	wénxué	원쉬에
문화	文化	wénhuà	원화
물	水	shuǐ	쉐이
물건	东西	dōngxi	똥시
뮤지컬	歌剧	gējù	꺼쮜

미니스커트

한국어	중국어	병음	발음
미니스커트	迷你裙	mínǐqún	미니췬
미래	未来	wèilái	웨이라이
미술관	美术馆	měishùguǎn	메이슈관
미안하다	对不起	duìbuqǐ	뚜이부치
미혼	未婚	wèihūn	웨이훈
민족	民族	mínzú	민주
믿다	相信	xiāngxin	씨앙씬
밀다	推	tuī	투이
밉살스럽다	讨厌	tǎoyàn	타오옌
바꾸다	交换	jiāohuàn	찌아오환
바다	海	hǎi	하이
바람불다	刮风	guāfēng	꽈펑
바쁘다	忙	máng	망
바이올린	小提琴	xiǎotíqín	시아오티친
바지	裤子	kùzi	쿠쯔
박수치다	鼓掌	gǔzhǎng	구장
밖	外面	wàimiàn	와이미엔
박물관	博物馆	bówùguǎn	보우관
반대하다	反对	fánduì	판뚜이
반도	半岛	bàndǎo	빤다오
반지	戒指	jiezhǐ	찌에즈
받다	受, 收	shòu, shōu	셔우
발	足	zú	주
발견	发现	fāxiàn	파씨엔
발신인	寄信人	jìxìnrén	찌씬런
발음	发音	fāyīn	파인

230

벌써

발전	发展	fāzhǎn	파쟌
발행하다	发行	fāxíng	파씽
밤	晚上	wǎnshang	완상
밤참	宵夜	xiāoyè	씨아오예
밥	饭	fàn	판
방, 룸	房间	fángjiān	팡찌엔
방문하다	访问	fǎngwèn	팡원
방법	方法	fāngfǎ	팡파
방송	广播	guǎngbō	광뽀
방학하다	放假	fàngjià	팡찌아
방향	方向	fāngxiàng	팡씨앙
배	船	chuán	츄안
배고프다	饿	è	어
배구	排球	páiqiú	파이치우
배려하다	照顾	zhàogù	쨔오꾸
배멀미	晕船	yùnchuán	윈츄안
배부르다	吃饱	chībǎo	츠바오
배우다	学, 学习	xué, xuéxí	쉬에, 쉬에시
백화점	百货店	bǎihuòdiàn	바이후워띠엔
버스	公共汽车	gōnggòngqìchē	꽁꽁치쳐
비리다	扔掉	rēngdiào	렁띠아오
번거롭다	麻烦	máfan	마판
번역	翻译	fānyì	판이
번호	号码	hàomǎ	하오마
번화하다	繁华	fánhuá	판화
벌써	早就	zǎojiù	자오찌우

231

범인

범인	犯人	fànrén	판런
범죄	犯罪	fànzuì	판쭈이
법률	法律	fǎlǜ	파뤼
벗다	脱	tuō	투어
베개	枕头	zhěntou	쩐터우
벨트	腰带	yāodài	야오따이
변비	便秘	biànmì	삐엔미
변호사	律师	lǜshī	뤼스
병나다	生病	shēngbìng	셩삥
병원	医院	yīyuàn	이위엔
별명	外号	wàihào	와이하오
보다	看	kàn	칸
보내다	寄送	jìsòng	찌쏭
보증서	保证书	bǎozhèngshū	바오쩡슈
보통이다	普通	pǔtōng	푸퉁
보트	小船	xiǎochuán	시아오추안
보험	保险	bǎoxiǎn	바오씨엔
복사	复印	fùyìn	푸인
복숭아	桃子	táozi	타오즈
복잡하다	复杂	fùzá	푸자
볶다	炒	chǎo	챠오
복통	肚子疼	dùziténg	뚜즈텅
본사	总公司	zǒnggōngsī	쫑꽁쓰
볼펜	圆珠笔	yuánzhūbǐ	위엔쮸비
봄	春天	chūntiān	츈티엔
부두	码头	mǎtou	마터우

비행기표

부드럽다	温柔	wēnróu	원러우
부딪치다	撞	zhuàng	쮸앙
부인	夫人	fūren	푸런
부채	扇子	shànzi	샨즈
부츠	长筒靴	chángtǒngxuē	챵통쉬에
부치다	寄	jì	찌
부티크	衣裳店	yīshangdiàn	이상띠엔
북, 북쪽	北边	běibiān	베이삐엔
분위기	气氛	qìfēn	치펀
불교	佛教	fójiào	포찌아오
불편하다	不方便	bùfāngbiàn	뿌팡삐엔
불친절하다	不亲切	bùqīnqiè	뿌친치에
붉다	红	hóng	홍
브랜디	白兰地酒	báilándìjiǔ	바이란띠지우
브로치	胸针	xiōngzhēn	씨옹쩐
블라우스	衬衫	chènshān	천샨
비	雨	yǔ	위
비극	悲剧	bēijù	뻬이쮜
비누	香皂	xiāngzào	씨앙짜오
비밀	秘密	mìmì	미미
비상구	太平门	tàipíngmén	타이핑먼
비서	秘书	mìshū	미슈
비싸다	贵	guì	꾸이
비용	费用	fèiyòng	페이용
비율	比率	bǐlǜ	비뤼
비행기표	机票	jīpiào	찌피아오

빈혈

빈혈	贫血	pínxuè	핀쉬에
빌딩	大楼	dàlóu	따러우
빌리다	借	jiè	찌에
빗	梳子	shūzi	슈즈
빠르다	快	kuài	콰이
빨대	吸管	xīguǎn	씨관
빵집	面包店	miànbāodiàn	미엔빠오띠엔
사건	案件	ànjiàn	안찌엔
사고	事故	shìgù	스꾸
사과	苹果	píngguǒ	핑구어
사다	买	mǎi	마이
사랑하다	爱	ài	아이
사무실	办公室	bàngōngshì	빤꽁스
사전	词典	cídiǎn	츠디엔
사용하다	使用	shǐyòng	스용
사인	签名	qiānmíng	치엔밍
사자	狮子	shīzi	스즈
사장	总经理	zǒngjīnglǐ	종찡리
사증 비자	签证	qiānzhèng	치엔쩡
사진	相片	xiàngpiàn	씨앙피엔
사진기	照相机	zhàoxiàngjī	짜오씨앙지
사촌	堂兄弟	tángxiōngdì	탕씨옹띠
사탕	糖果	tángguǒ	탕구어
사회	社会	shèhuì	셔후이
산소마스크	氧气面具	yǎngqì miànjù	양치 미엔쮜
살다	住	zhù	쭈

샤워

삶	生活	shēnghuó	셩후어
삶다	煮	zhǔ	쥬
상냥하다	和气	héqi	허치
상담하다	商谈	shāngtán	샹탄
상상하다	想像	xiǎngxiàng	시앙씨앙
상세하다	详细	xiángxì	시앙씨
상연하다	演出	yǎnchū	옌추
상의	上衣	shàngyī	샹이
상자	箱子	xiāngzi	씨앙즈
상품	商品	shāngpǐn	샹핀
상하다	腐败	fǔbài	푸빠이
새	鸟	niǎo	니아오
새롭다	新	xīn	씬
색	颜色	yánsè	옌써
샌드위치	三明治	sānmíngzhì	싼밍즈
샐러드	沙拉	shālā	샤라
생각하다	想	xiǎng	시앙
생년월일	出生年日	chūshēng niánrì	츄셩니엔르
생리대	卫生巾	wèishēngjīn	웨이셩찐
생맥주	生啤酒	shēngpíjiǔ	셩피지우
생산하다	生产	shēngchǎn	셩찬
생산량	产量	chǎnliàng	찬량
생선	鱼	yú	위
생선회	生鱼片	shēngyúpiàn	셩위피엔
생일	生日	shēngrì	셩르
샤워	洗澡	xǐzǎo	시자오

샤페인

샴페인	香槟酒	xiāngbīnjiǔ	씨앙삔지우
샴푸	洗发精	xǐfàjīng	씨파찡
서쪽	西边	xībiān	씨삐엔
서다	停止, 站	tíngzhǐ, zhàn	팅즈, 짠
서류	文件	wénjiàn	원찌엔
서명	签名	qiānmíng	치엔밍
서점	书店	shūdiàn	슈띠엔
석유	石油	shíyóu	스여우
선물	礼物	lǐwù	리우
설계	设计	shèjì	셔지
설날	元旦	yuándàn	위엔딴
설명하다	说明	shuōmíng	슈어밍
설사하다	拉肚子	lādùzi	라뚜쯔
설탕	糖	táng	탕
섭섭하다	依依不舍	yīyībùshě	이이뿌셔
섭씨	摄氏	shèshì	셔스
성명	姓名	xìngmíng	씽밍
성공 하다	成功	chénggōng	청꽁
성냥	火柴	huǒchái	후워챠이
성대하다	盛大	shèngdà	성따
성별	性别	xìngbié	씽비에
성실하다	诚实	chéngshí	청스
세계	世界	shìjiè	스찌에
세내다	租	zū	쭈
세관	海关	hǎiguān	하이꾸안
세금	税金	shuìjīn	쉐이진

손수건

세수하다	洗脸	xǐliǎn	시리엔
세탁기	洗衣机	xǐyījī	시이지
셀프서비스	自助	zìzhù	쯔쭈
셔터	快门	kuàimén	콰이먼
센티미터	厘米	límǐ	리미
소고기	牛肉	niúròu	니우러우
소개하다	介绍	jièshào	찌에샤오
소금	盐	yán	옌
소득	所得	suǒdé	쑤어더
소리	声音	shēngyīn	셩인
소리지르다	叫	jiào	찌아오
소란스럽다	嘈杂	cáozá	차오자
소매	衣袖	yīxiù	이씨우
소방서	消防队	xiāofángduì	씨아오팡뚜이
소비하다	消费	xiāofèi	씨아오페이
소시지	香肠	xiāngcháng	씨앙챵
소아과	小儿科	xiǎo'érkē	시아오얼커
소파	沙发	shāfā	샤파
소포	包裹	bāoguǒ	빠오구어
소화제	消化药	xiāohuàyào	씨아오화야오
소화불량	消化不良	xiāohuà bùliáng	씨아오화 뿌리앙
속옷	内衣	nèiyī	네이이
속이다	欺骗	qīpiàn	치피엔
손	手	shǒu	셔우
손님	客人	kèrén	커런
손수건	手巾	shǒujīn	셔우찐

237

손목시계

손목시계	手表	shǒubiǎo	셔우비아오
손톱깎이	指甲刀	zhǐjiadāo	즈지아따오
솔	刷子	shuāzi	슈아즈
송별회	欢送会	huānsònghuì	환쑹후이
수도	首都	shǒudū	셔우뚜
수고스럽다	辛苦	xīnkǔ	씬쿠
수건	毛巾	máojīn	마오진
수리하다	修理	xiūlǐ	씨우리
수돗물	自来水	zìláishuǐ	쯔라이쉐이
수면제	安眠药	ānmiányào	안미엔야오
수수료	手续费	shǒuxùfèi	셔우쉬페이
수술	手术	shǒushù	셔우슈
수신인	收信人	shōuxìnrén	셔우씬런
수영	游泳	yóuyǒng	여우용
수영복	游泳衣	yóuyǒngyī	여우용이
수공예품	手工艺品	shǒugōngyìpǐn	셔우꽁이핀
수입	进口	jìnkǒu	찐커우
수첩	手册	shǒucè	셔우처
수출	出口	chūkǒu	츄커우
수준	水平	shuǐpíng	쉐이핑
수표	支票	zhīpiào	즈피아오
수프	汤	tāng	탕
수하물	行李	xíngli	씽리
숙박하다	住	zhù	쭈
순금	纯金	chúnjīn	츈진
순수하다	纯粹	chúncuì	츈추이

시장

한국어	중국어	병음	발음
술	酒	jiǔ	지우
술안주	酒菜	jiǔcài	지우차이
쉽다	容易	róngyì	롱이
쉬다	休息	xiūxi	씨우시
슈트케이스	小提箱	xiǎotíxiāng	씨아오티씨앙
슈퍼마켓	超级市场	chāojí shìchǎng	챠오지스챵
스웨터	毛衣	máoyī	마오이
스위치	开关	kāiguān	카이꾸안
스카프	围巾	wéijīn	웨이진
스키	滑雪	huáxuě	화쉬에
스노우보드	滑雪板	huáxuěbǎn	화쉬에반
스케이트화	冰鞋	bīngxié	삥씨에
스튜어디스	空中小姐	kōngzhōng xiǎojie	콩쭝 시아오지에
스포츠	体育	tǐyù	티위
슬프다	悲哀	bēi'āi	뻬이아이
습관	习惯	xíguàn	씨꾸안
습도	湿度	shīdù	스뚜
승객	乘客	chéngkè	청커
승강기	电梯	diàntī	띠엔티
시계	钟表	zhōngbiǎo	쫑비아오
시금치	菠菜	bōcài	뽀차이
시끄럽다	吵	chǎo	챠오
시내	市内	shìnèi	스네이
시외전화	长途电话	chángtú diànhuà	챵투 띠엔화
시작하다	开始	kāishǐ	카이스
시장	市场	shìchǎng	스챵

시차

시차	时差	shíchā	스챠
시험하다	试验	shìyàn	스옌
시큼하다	酸	suān	쑤안
식다	凉	liáng	리앙
식당	食堂	shítáng	스탕
식물원	植物园	zhíwùyuán	즈우위엔
식사하다	吃饭	chīfàn	츠판
식욕	胃口	wèikǒu	웨이커우
식중독	食物中毒	shíwù zhòngdú	스우 쫑두
식초	醋	cù	추
신다	穿	chuān	츄안
신고하다	申报	shēnbào	셴빠오
신년	新年	xīnnián	씬니엔
신문	报	bào	빠오
신문기자	新闻记者	xīnwén jìzhě	씬원 찌져
신분증명서	身份证	shēnfēnzhèng	셴펀쩡
신청하다	申请	shēnqǐng	션칭
실패하다	失败	shībài	스빠이
싫다	不愿意	búyuànyi	부위엔이
심장	心脏	xīnzàng	씬짱
심하다	厉害	lìhai	리하이
십자로	十字路口	shízì lùkǒu	스쯔루커우
싸다	便宜	piányi	피엔이
싸우다	吵架	chǎojià	챠오찌아
쌀	米	mǐ	미
쓰다	写	xiě	씨에

앉다

쓰레기	垃圾	lājī	라지
씻다	洗	xǐ	씨
아기	小娃娃	xiǎowáwa	시아오와와
아깝다	可惜	kěxī	커씨
아나운서	播音员	bōyīnyuán	뽀인위엔
아니다	不是	búshì	부스
아들	儿子	érzi	얼쯔
아래쪽	下面	xiàmiàn	씨아미엔
아름답다	美丽	měilì	메이리
아마도	也许	yěxǔ	예쉬
아버지	爸爸	bàba	빠바
아이	孩子	háizi	하이즈
아이스크림	冰淇淋	bīngqílín	삥치린
아직	还	hái	하이
아저씨	叔叔	shūshu	슈슈
아침	早上	zǎoshang	자오상
아침식사	早饭	zǎofàn	자오판
아파트	公寓	gōngyù	꽁위
아프다	疼	téng	텅
악수하다	握手	wòshǒu	워셔우
안개	雾	wù	우
안경	眼镜	yǎnjìng	옌찡
안내소	服务台	fúwùtái	푸우타이
안 된다	不行	bùxíng	뿌씽
안전벨트	安全带	ānquándài	안취엔따이
앉다	坐	zuò	쭈어

알다

알다	知道	zhīdao	쯔다오
알레르기	过敏	guòmǐn	꾸어민
알리다	告知	gàozhī	까오즈
알아듣다	听董	tīngdǒng	팅동
알코올	酒精	jiǔjīng	지우징
암	癌	ái	아이
애인	恋人	liànrén	리엔런
애정	爱情	àiqíng	아이칭
야구	棒球	bàngqiú	빵치우
야경	夜景	yèjǐng	예징
야외	野外	yěwài	예와이
야영	露营	lùyíng	루잉
약국	药房	yàofáng	야오팡
약속	约会	yuēhuì	위에후이
약하다	弱	ruò	루어
얇다	薄	báo	바오
앞쪽	前面	qiánmiàn	치엔미엔
양고기	羊肉	yángròu	양러우
양말	袜子	wàzi	와즈
양복	西装	xīzhuāng	씨쮸앙
양화점	皮鞋店	píxiédiàn	피씨에띠엔
어깨	肩膀	jiānbǎng	찌엔방
어제	昨天	zuótiān	주어티엔
언어	语言	yǔyán	위옌
언제	什么时候	shénme shíhou	션머스허우
얻다	得	dé	더

242

영수증

얼굴	脸	liǎn	리엔
얼마	多少	duōshao	뚜어샤오
에스컬레이터	自动扶梯	zìdòng fútī	쯔똥 푸티
에어컨	空调	kōngtiáo	콩티아오
엘리베이터	电梯	diàntī	띠엔티
여권	护照	hùzhào	후쨔오
여기, 이곳	这儿	zhèr	쩔
여름	夏天	xiàtiān	씨아티엔
여름방학	暑假	shǔjià	슈찌아
여관	旅馆	lǚguǎn	뤼관
여자	女人	nǚrén	뉘런
여행사	旅行社	lǚxíngshè	뤼씽셔
역사	历史	lìshǐ	리스
연구하다	研究	yánjiū	옌지우
연극	话剧	huàjù	화쮜
연락하다	联络	liánluò	리엔루어
연필	铅笔	qiānbǐ	치엔비
열, 십	十	shí	스
열다	开	kāi	카이
열쇠	钥匙	yàoshi	야오스
열차	火车	huǒchē	후워쳐
엽서	明信片	míngxìnpiàn	밍씬피엔
입장권	门票	ménpiào	먼피아오
영국	英国	Yīngguó	잉구어
영사관	领事馆	lǐngshìguǎn	링스관
영수증	收据	shōujù	셔우쮜

영어

영어	英文	Yīngwén	잉원
영화관	电影院	diànyǐngyuàn	띠엔잉위엔
옆	旁边	pángbiān	팡삐엔
예매	预购	yùgòu	위꺼우
예술가	艺术家	yìshùjiā	이슈지아
예약하다	预订	yùdìng	위띵
예정	预定	yùdìng	위띵
오늘	今天	jīntiān	찐티엔
오래되다	久	jiǔ	지우
오른쪽	右边	yòubiān	여우삐엔
오이	黄瓜	huángguā	황꾸아
오전	上午	shàngwǔ	상우
오토바이	摩托车	mótuōchē	모투어쳐
오페라	歌剧	gējù	꺼쥐
오후	下午	xiàwǔ	씨아우
옥수수	玉米	yùmǐ	위미
온천	温泉	wēnquán	원취엔
올림픽	奥林匹克	àolínpǐkè	아오린피커
옷걸이	衣架	yījià	이찌아
옷장	衣柜	yīguì	이꾸이
완성되다	完成	wánchéng	완청
완구	玩具	wánjù	완쮜
왕복표	往返票	wǎngfǎnpiào	왕판피아오
왜, 어째서	为什么	wèishénme	웨이션머
외과	外科	wàikē	와이커
외교	外交	wàijiāo	와이찌아오

위스키

외화	外币	wàibì	와이삐
왼쪽	左边	zuǒbiān	주어삐엔
요리	菜	cài	차이
요리사	厨师	chúshī	츄스
욕실	洗澡间	xǐzǎojiān	씨자오찌엔
욕조	澡盆	zǎopén	자오펀
우대	优待	yōudài	여우따이
우산	雨伞	yǔsǎn	위산
우리	我们	wǒmen	워먼
우유	牛奶	niúnǎi	니우나이
우체국	邮局	yóujú	여우쥐
우표	邮票	yóupiào	여우피아오
운동화	运动鞋	yùndòngxié	윈똥씨에
운전수	司机	sījī	쓰지
운전하다	开车	kāichē	카이처
울다	哭	kū	쿠
원인	原因	yuányīn	위엔인
월급	薪水	xīnshuǐ	씬쉐이
웃다	笑	xiào	씨아오
웨이터	服务员	fúwùyuán	푸우위엔
위	胃	wèi	웨이
위쪽	上面	shàngmiàn	샹미엔
위경련	胃痉挛	wèijìngluán	웨이찡루안
위장염	肠胃炎	chángwèiyán	챵웨이옌
위대하다	伟大	wěidà	웨이따
위스키	威士忌	wēishìjì	웨이스지

위조품

위조품	假冒品	jiǎmàopǐn	지아마오핀
위험하다	危险	wēixiǎn	웨이씨엔
유람선	游船	yóuchuán	여우츄안
유리	玻璃	bōli	뽀리
유래	由来	yóulái	여우라이
유머	幽默	yōumò	여우모
유명하다	有名	yǒumíng	여우밍
유적	遗迹	yíjì	이찌
유지하다	维持	wéichí	웨이츠
유치원	幼儿园	yòu'éryuán	여우얼위엔
유행	流行	liúxíng	리우씽
은	银	yín	인
은행	银行	yínháng	인항
음료	饮料	yǐnliào	인리아오
음악회	音乐会	yīnyuèhuì	인위에후이
의견	意见	yìjiàn	이찌엔
의논하다	商量	shāngliang	상량
의무	义务	yìwù	이우
의형제	干兄弟	gānxiōngdi	깐씨옹띠
이, 이것	这, 这个	zhè, zhège	쩌, 쩌거
이기다	赢	yíng	잉
2등	亚军	yàjūn	야쥔
이름	名字	míngzi	밍쯔
이미	已经	yǐjing	이징
이별하다	离别	líbié	리비에
이상	以上	yǐshàng	이샹

잉크

이야기	故事	gùshi	꾸스
이어폰	耳机	ěrjī	얼지
이용하다	利用	lìyòng	리융
2인실	双人间	shuāngrénjiān	슈앙런지엔
이하	以下	yǐxià	이씨아
이해하다	了解	liǎojiě	리아오지에
인간미	人情味	rénqíngwèi	런칭웨이
인공위성	人造卫星	rénzào wèixīng	런짜오 웨이씽
인삼	人参	rénshēn	런션
인상	印象	yìnxiàng	인씨앙
인쇄물	印刷品	yìnshuāpǐn	인슈아핀
인형	娃娃	wáwa	와와
일기	日记	rìjì	르지
일기예보	天气预报	tiānqì yùbào	티엔치 위빠오
일본	日本	Rìběn	르번
일본어	日文	Rìwén	르원
일어나다	起	qǐ	치
1인실	单人间	dānrénjiān	딴런지엔
읽다	念	niàn	니엔
잃다	丢	diū	띠우
입	口	kǒu	커우
입구	入口	rùkǒu	루커우
입국하다	入境	rùjìng	루찡
입다	穿	chuān	츄안
잊다	忘	wàng	왕
잉크	墨水	mòshuǐ	모쉐이

247

자격

자격	资格	zīgé	쯔거
자다	睡觉	shuìjiào	쉐이찌아오
자동차	汽车	qìchē	치처
자리, 좌석	座位	zuòwèi	쭈어웨이
자본	资本	zīběn	쯔번
자연	自然	zìrán	쯔란
자원	资源	zīyuán	쯔위엔
자유무역	自由贸易	zìyóu màoyì	쯔여우 마오이
자전거	自行车	zìxíngchē	쯔씽처
작가	作家	zuòjiā	쭈어찌아
작년	去年	qùnián	취니엔
작다	小	xiǎo	시아오
잔돈	零钱	língqián	링치엔
잔디밭	草坪	cǎopíng	차오핑
잘	好好儿	hǎohāor	하오할
잠깐	一会儿	yíhuìr	이후얼
잠옷	睡衣	shuìyī	쉐이이
잡지	杂志	zázhì	짜즈
잡화점	杂货店	záhuòdiàn	자후워띠엔
장난감	玩具	wánjù	완쮜
장소	地点	dìdiǎn	띠디엔
장신구	装饰品	zhuāngshìpǐn	쮸앙스핀
장점	长处	chángchu	창추
재떨이	烟灰缸	yānhuīgāng	옌후이깡
재료	材料	cáiliào	차이리아오
재판	裁判	cáipàn	차이판

접시

잼	果酱	guǒjiàng	꾸어찌앙
쟁반	盘子	pánzi	판쯔
저기	那儿	nàr	날
저녁	晚上	wǎnshàng	완샹
저녁식사	晚饭	wǎnfàn	완판
저술	著作	zhùzuò	쮸쭈어
저작권	版权	bǎnquán	반취엔
적다	少	shǎo	샤오
적당하다	适当	shìdāng	스땅
전공	专业	zhuānyè	쭈안예
전등	电灯	diàndēng	띠엔떵
전달하다	传达	chuándá	츄안다
전망대	瞭望台	liàowàngtái	리아오왕타이
전시회	展览会	zhǎnlǎnhuì	쟌란후이
전염병	传染病	chuánrǎnbìng	츄안란삥
전지	电池	diànchí	띠엔츠
전통	传统	chuántǒng	츄안퉁
전화	电话	diànhuà	띠엔화
전화번호	电话号码	diànhuà hàomǎ	띠엔화 하오마
절	寺院	sìyuàn	쓰위엔
절차	次序	cìxù	츠쉬
젊다	年轻	niánqīng	니엔칭
점심식사	午饭	wǔfàn	우판
점원	店员	diànyuán	띠엔위엔
접대	招待	zhāodài	쟈오따이
접시	碟子	diézi	디에쯔

249

젓가락

젓가락	筷子	kuàizi	콰이즈
정가	定价	dìngjià	띵찌아
정류장	车站	chēzhàn	쳐짠
정보	情报	qíngbào	칭빠오
정찰제	不二价	bú'èrjià	부얼찌아
정치	政治	zhèngzhì	쩡쯔
정확하다	正确	zhèngquè	쩡취에
조각	雕刻	diāokè	띠아오커
조건	条件	tiáojiàn	티아오지엔
조금	一点儿	yìdiǎnr	이디얼
조심하다	小心	xiǎoxīn	시아오씬
조용하다	安静	ānjìng	안찡
조작하다	操作	cāozuò	차오쭈어
족하다	足够	zúgòu	주꺼우
졸업	毕业	bìyè	삐예
졸리다	困	kùn	쿤
좁다	窄	zhǎi	쟈이
종교	宗教	zōngjiào	쫑찌아오
종류	种类	zhǒnglèi	종레이
종이	纸	zhǐ	즈
좋아하다	喜欢	xǐhuan	시환
좌측	左边儿	zuǒbiānr	주어삐얼
좌담회	座谈会	zuòtánhuì	쭈어탄후이
죄송스럽다	抱歉	bàoqiàn	빠오치엔
주다	给	gěi	게이
주문하다	订货	dìnghuò	띵후워

지하도

주말	周末	zhōumò	쪄우모
주인	主人	zhǔrén	쥬런
주사맞다	打针	dǎzhēn	다쩐
주소	地址	dìzhǐ	띠즈
주최하다	主办	zhǔbàn	쥬빤
주유소	加油站	jiāyóuzhàn	지아여우짠
죽다	死	sǐ	쓰
준비하다	准备	zhǔnbèi	쥰뻬이
중국	中国	Zhōngguó	쫑구어
중국어	汉语	Hànyǔ	한위
중요하다	重要	zhòngyào	쫑야오
중등학교	中学	zhōngxué	쫑쉬에
쥐	老鼠	lǎoshǔ	라오슈
즉시	马上	mǎshàng	마샹
증가하다	增加	zēngjiā	쩡지아
증권	证券	zhèngquàn	쩡취엔
증명서	证明书	zhèngmíngshū	쩡밍슈
증상	症状	zhèngzhuàng	쩡쭈앙
지갑	钱包	qiánbāo	치엔빠오
지도	地图	dìtú	띠투
지배인	经理	jīnglǐ	찡리
지불하다	付	fù	푸
지식	知识	zhīshi	즈스
지진	地震	dìzhèn	띠쩐
지저분하다	脏乱	zāngluàn	짱루안
지하도	地下道	dìxiàdào	띠씨아따오

지하철

지하철	地铁	dìtiě	띠티에
직업	职业	zhíyè	즈예
직위	职位	zhíwèi	즈웨이
진단서	诊断书	zhěnduànshū	젼뚜안슈
진찰하다	看病	kànbìng	칸삥
진통제	止疼药	zhǐténgyào	즈텅야오
질기다	耐用	nàiyòng	나이용
짐	行李	xíngli	씽리
집	家, 房子	jiā, fángzi	지아, 팡쯔
짜다	咸	xián	씨엔
짧다	短	duǎn	뚜안
차갑다	凉	liáng	리앙
차멀미	晕车	yùnchē	윈쳐
착륙하다	着陆	zhuólù	쥬어루
찬성하다	赞成	zànchéng	짠청
참가하다	参加	cānjiā	찬지아
찻잎	茶叶	cháyè	챠예
찻집	茶馆	cháguǎn	챠관
창문	窗户	chuānghu	츄앙후
창피스럽다	丢脸	diūliǎn	띠우리엔
찾다	找	zhǎo	쟈오
책	书	shū	슈
천식	喘息	chuǎnxī	츄안씨
천천히	慢慢儿的	mànmānrde	만말더
청소하다	打扫	dǎsǎo	다싸오
체온	体温	tǐwēn	티원

카페트

초과	超过	chāoguò	챠오꾸어
초대하다	招待	zhāodài	쨔오따이
초대소	招待所	zhāodàisuǒ	쨔오따이쑤어
초콜릿	巧克力	qiǎokèlì	치아오커리
최근	最近	zuìjìn	쭈이찐
최대	最大	zuìdà	쭈이따
최후	最后	zuìhòu	쭈이허우
축제	庆祝会	qìngzhùhuì	칭쭈후이
축하하다	祝贺	zhùhè	쮸허
출구	出口	chūkǒu	츄커우
출국하다	出境	chūjìng	츄찡
출발하다	出发	chūfā	츄파
춤추다	跳舞	tiàowǔ	티아오우
춥다	冷	lěng	렁
취소하다	取消	qǔxiāo	취씨아오
치과	牙科	yákē	야커
칫솔	牙刷	yáshuā	야슈아
치약	牙膏	yágāo	야까오
치즈	奶酪	nǎilào	나이라오
친철하다	亲切	qīnqiè	친치에
침대	床	chuáng	츄앙
카메라	照相机	zhàoxiàngjī	쨔오씨앙지
카바레	夜总会	yèzǒnghuì	예종후이
카세트테이프	录音带	lùyīndài	루인따이
카운터	柜台	guìtái	꾸이타이
카페트	地毯	dìtǎn	띠탄

칼

칼	刀	dāo	따오
커튼	窗帘	chuānglián	츄앙리엔
커피	咖啡	kāfēi	카페이
커피숍	咖啡店	kāfēidiàn	카페이띠엔
케이블카	缆车	lǎnchē	란쳐
켜다	开	kāi	카이
코코아	可可	kěkě	커커
코트	大衣	dàyī	따이
콘돔	安全套	ānquántào	안취엔타오
콘센트	插座	chāzuò	차쭈어
콩	大豆	dàdòu	따떠우
크기	大小	dàxiǎo	따시아오
큰일이다	出事	chūshì	츄스
크레디트카드	信用卡	xìnyòngkǎ	씬용카
크리스마스	圣诞节	shèngdànjié	성딴지에
키	个子	gèzi	꺼즈
키스	接吻	jiēwěn	찌에원
타다	坐	zuò	쭈어
타올	毛巾	máojīn	마오진
타이어	轮胎	lúntāi	룬타이
탄탄하다	结实	jiēshi	지에스
탑승구	登机口	dēngjīkǒu	떵지커우
탑승권	登机证	dēngjīzhèng	떵지쩡
태극권	太极拳	tàijíquán	타이지취엔
태도	态度	tàidu	타이뚜
태만하다	懒惰	lǎnduò	란뚜어

티셔츠

태양	太阳	tàiyáng	타이양
태풍	台风	táifēng	타이펑
택시	出租汽车	chūzū qìchē	츄주 치쳐
택하다	选择	xuǎnzé	쉬엔저
테니스	网球	wǎngqiú	왕치우
테이블	桌子	zhuōzi	쮸어즈
텔레비전	电视	diànshi	띠엔스
토끼	兔子	tùzi	투즈
토론하다	讨论	tǎolùn	타오룬
토마토	西红柿	xīhóngshì	씨홍스
토스트	烤面包	kǎomiànbāo	카오미엔빠오
토하다	呕吐	ǒutù	어우투
통과하다	通过	tōngguò	통꾸어
통신	通信	tōngxìn	통씬
통역하다	翻译	fānyì	판이
통조림	罐头	guàntóu	꾸안터우
통지	通知	tōngzhī	통즈
통쾌하다	痛快	tòngkuai	통콰이
통행금지	禁止通行	jìnzhǐ tōngxíng	찐즈통씽
트럼프	扑克牌	pūkèpái	푸커파이
특급열차	特快	tèkuài	터콰이
특별석	特席	tèxí	터씨
특별하다	特别	tèbié	터비에
틀리다	错	cuò	추어
퇴근시간	下班时间	xiàbān shíjiān	씨아빤 스지엔
티셔츠	T恤衫	T xùshān	티쉬샨

티슈

티슈	卫生纸	wèishēngzhǐ	웨이셩즈
팁	小费	xiǎofèi	씨아오페이
파	葱	cōng	총
(도장을) 파다	刻	kè	커
파란색	蓝色	lánsè	란써
파마하다	烫发	tàngfà	탕파
파산하다	破产	pòchǎn	포찬
파손하다	损坏	sǔnhuài	순화이
파업하다	罢工	bàgōng	빠꿍
파이	水果饼	shuǐguǒbǐng	쉐이구어빙
파인애플	凤梨, 菠萝	fènglí, bōluó	펑리, 뽀루어
파티	晚会	wǎnhuì	완후이
판매	销售	xiāoshòu	씨아오셔우
판매원	售货员	shòuhuòyuán	셔우후어위엔
퍼센트	百分比	bǎifēnbǐ	바이펀비
팔다	卖	mài	마이
팔찌	手镯	shǒuzhuó	셔우쥬어
패션	服装	fúzhuāng	푸쫭
팬티	内裤	nèikù	네이쿠
편도	单程	dānchéng	딴청
편리하다	方便	fāngbiàn	팡삐엔
편안하다	舒服	shūfu	슈푸
편명	班号	bānhào	빤하오
편지	信	xìn	씬
편지지	信纸	xìnzhǐ	씬즈
편지봉투	信封	xìnfēng	씬펑

하루

편집하다	编辑	biānjí	삐엔지
평가하다	评价	píngjià	핑찌아
폐렴	肺炎	fèiyán	페이옌
폐막식	闭幕典礼	bìmù diǎnlǐ	삐무 디엔리
폐업하다	停业	tíngyè	팅예
포도	葡萄	pútáo	푸타오
포장하다	包装	bāozhuāng	빠오쭈앙
포스터	海报	hǎibào	하이빠오
폭죽	鞭炮	biānpào	삐엔파오
표준	标准	biāozhǔn	삐아오쥰
푸른	青	qīng	칭
품질	质量	zhìliàng	쯔량
플래시	闪光灯	shǎnguāngdēng	샨꽝떵
플랫폼	月台	yuètái	위에타이
피	血	xuè	쉬에
피곤하다	累	lèi	레이
피로	疲劳	píláo	피라오
피아노	钢琴	gāngqín	깡친
피부병	皮肤病	pífūbìng	피푸삥
피자	比萨	bǐsà	비싸
필름	底片	dǐpiàn	디피엔
필요하다	必要	bìyào	삐야오
하강하다	降落	jiàngluò	찌앙루어
하늘	天, 天空	tiān, tiānkōng	티엔, 티엔콩
하다	做	zuò	쭈어
하루	一天	yìtiān	이티엔

하얀

하얀	白	bái	바이
학교	学校	xuéxiào	쉬에씨아오
학과(전공)	专业	zhuānyè	쮸안예
학생	学生	xuésheng	쉬에셩
한국	韩国	Hánguó	한구어
한국어	韩文	Hánwén	한원
한약	中药	zhōngyào 쭁야오
한의사	中医	zhōngyī	쭁이
한턱내다	请客	qǐngkè	칭커
할인하다	打折扣	dǎzhékòu	다져커우
함께	一起	yìqǐ	이치
합작하다	合作	hézuò	허쭈어
핫도그	热狗	règǒu	러거우
항공기	飞机	fēijī	페이지
항공권	机票	jīpiào	지피아오
항공편지	航空信	hángkōngxìn	항콩씬
항공회사	航空公司	hángkōng gōngsī	항콩 꽁쓰
해결하다	解决	jiějué	지에쥐에
해석하다	解释	jiěshì	지에스
해설하다	解说	jiěshuō	지에슈어
해열제	解热剂	jiěrèjì	지에러찌
핸드백	手提包	shǒutíbāo	셔우티빠오
햄	火腿	huǒtuǐ	후어투이
햄버거	汉堡包	hànbǎobāo	한바오빠오
행동	行动	xíngdòng	씽똥
행선지	目的地	mùdìdì	무띠띠

환송하다

행복하다	幸福	xìngfú	씽푸
향수	香水	xiāngshuǐ	씨앙쉐이
허가	许可	xǔkě	쉬커
허리	腰	yāo	야오
헷갈리다	错乱	cuòluàn	추어루안
혁명	革命	gémìng	거밍
현금	现款, 现金	xiànkuǎn, xiànjīn	씨엔콴, 씨엔진
현대화	现代化	xiàndàihuà	씨엔따이화
현지시간	当地时间	dāngdì shíjiān	땅띠 스지엔
혈압	血压	xuèyā	쉬에야
협회	协会	xiéhuì	씨에후이
형제	兄弟	xiōngdì	시옹띠
호수	湖	hú	후
호텔	饭店	fàndiàn	판띠엔
혼자	一个人	yí ge rén	이거런
홍차	红茶	hóngchá	홍챠
화가	画家	huàjiā	화찌아
화장하다	化妆	huàzhuāng	화쮸앙
화장수	化妆水	huàzhuāngshuǐ	화쮸앙쉐이
화장실	洗手间	xǐshǒujiān	시셔우지엔
화장지	卫生纸	wèishēngzhǐ	웨이성즈
화장품	化妆品	huàzhuāngpǐn	화쮸앙핀
확인하다	确认	quèrèn	취에런
환경	环境	huánjìng	환찡
환대하다	热情接待	rèqíng jiēdài	러칭 찌에따이
환송하다	欢送	huānsòng	환쏭

환영회

환영회	欢迎会	huānyínghuì	환잉후이
환전하다	换钱	huànqián	환치엔
활발한	活泼	huópo	후어포
회담	会谈	huìtán	후이탄
회답하다	回答	huídá	후이다
회복하다	恢复	huīfù	후이푸
회사	公司	gōngsī	꽁쓰
회색	灰色	huīsè	후이써
회의	会议	huìyì	후이이
효능	效果	xiàoguǒ	씨아오구어
후추	胡椒	hújiāo	후찌아오
후회하다	后悔	hòuhuǐ	허우후이
훔치다	偷	tōu	터우
휴가	休假	xiūjià	씨우찌아
휴게실	休息室	xiūxishì	씨우씨스
휴대품	携带品	xiédàipǐn	씨에따이핀
휴식하다	休息	xiūxi	씨우씨
휴일	假日	jiàrì	찌아르
휴지통	垃圾箱	lājīxiāng	라지씨앙
흐르다	流	liú	리우
흐리다	阴沉	yīnchén	인천
희망하다	希望	xīwàng	씨왕
흔하다	多的是	duō de shi	뚜어더스
흡연하다	吸烟	xīyān	씨옌
흥겹다	高兴	gāoxing	까오씽
흥미	兴趣	xìngqù	씽취

힘쓰다

흥정하다	讲价钱	jiǎngjiàqián	지앙찌아치엔
흰색	白色	báisè	바이써
희소식	好消息	hǎoxiāoxi	하오씨아오시
힘들다	吃力	chīlì	츠리
힘쓰다	用力	yònglì	용리

여권번호 Passport No.						
비자번호 Visa No.						
항공권번호 Air Ticket No.						
항공권편명 Flight name						
여행자수표번호 Traveler's check No.						
해외여행보험번호 T. A. No						
항공권예약						
긴급연락처 Contact address in an emergency